吾乡吾土 引 导 手 册

# 山中百居

田字格公益◎编

孔學堂書局

图书在版编目（CIP）数据
山中百居 / 田字格公益编 . -- 贵阳 : 孔学堂书局 , 2025. 3. --
（吾乡吾土 / 肖诗坚主编）. -- ISBN 978-7-80770-606-9
Ⅰ. Q95-49
中国国家版本馆 CIP 数据核字第 2024A3D677 号

吾乡吾土·引导手册　　肖诗坚◎主编
山中百居　　田字格公益◎编

责任编辑：窦玥声　何青青
装帧设计：潘伊莎
排版制作：潘伊莎
责任印制：张　莹　刘思好

出版发行：贵州日报当代融媒体集团
　　　　　孔学堂书局
地　　址：贵阳市乌当区大坡路26号
印　　刷：天津联城印刷有限公司
开　　本：889mm × 1194mm　1/16
字　　数：186千字
印　　张：8.25
版　　次：2025年3月第1版
印　　次：2025年3月第1次印刷
书　　号：ISBN 978-7-80770-606-9
定　　价：25.00元

# 『吾乡吾土』丛书序

自 2017 年秋季学期在贵州省正安县田字格兴隆实验小学开启第一堂乡土人本主题课（即乡土主题课前身）始，历经八载的更迭，我们终于完成了“吾乡吾土”丛书的编纂工作，丛书总计 14 册。在此，我们诚挚地将这份凝聚着上海浦东新区田字格志愿服务社（下称：田字格公益）8 年来在乡土人本教育中探索与实践的心血结晶，奉献给所有在乡村教育征途上不懈探索的同行者。

在本丛书中，《吾乡吾土的探索与实践》作为理论、方法和实践核心，为其他图书奠定了坚实的基础；《吾乡吾土指导纲要》则为乡土主题课（下称：乡土课）的整体实施提供了总揽性的指导；“吾乡吾土·引导手册”系列（共 4 册，下称：“引导手册”）分别针对乡村小学一至四年级的乡土课“大山·家”“山中万物”“山中田事”“山中百居”四大主题，制订了详细的教学指导方案；“吾乡吾土·探索手册”系列（共 8 册，下称：“探索手册”）则是配套的学生任务单，供学生在实践中记录学习。

这 14 册图书不仅记录了田字格公益 8 年来在乡土人本教育领域的艰辛探索，更承载了整个团队对乡村教育的深厚情感与执着追求。它们的珍贵与独特在于其系统性、专业性、实践性和可操作性。

本丛书中的“引导手册”“探索手册”专为贵州省乡村小学一至四年级教师及学生定制，深度贴合乡村生活实际，同时参考国家课程标准，探索跨学科的综合实践教学，且经过贵州省遵义市正安县、务川仡佬族苗族自治县，黔西南布依族苗族自治州兴义市、贞丰县，以及毕节市七星关区等地共计百余所乡村小学的多年实践和多次迭代优化，确保了其内容的广泛适用性和实践性。为简化乡村教师的教学流程，本丛书的“引导手册”包含详尽的学期教学计划、单元计划及教案，并提供配套电子课件。教师接受简单培训，即可依据“引导手册”轻松开展课堂教学。

值得一提的是，“吾乡吾土”丛书虽是基于贵州百余所田字格公益项目学校的实践经验不断优化总结而成，但对中国山区，尤其是西南地区的学校同样适用，教师根据教学实际对“引导手册”和“探索手册”内容进行适当调整，即可应用于自己的教学。

最后，我们深知，尽管我们已倾注全力，但仍有诸多不足。我们衷心希望各位读者能够不吝赐教，提出宝贵建议，帮助我们不断进步与完善。

肖诗坚

2024 年 11 月 25 日

## 一、“山中百居”主题介绍

在“山中百居”这一主题中，“居”特指居所或住所，它不仅包括人类为了生活、休息及日常活动所建造的房屋、棚屋等固定居住空间，同时也涵盖了动物为生存和繁衍所自然构筑的巢穴、洞穴等住所。

鸟巢的精巧、蜘蛛网的复杂、蜂房的秩序井然、蚁穴的严密组织，这些无一不体现出动物们在搭建居所时所展现出的“智慧”。这些自然的杰作，不仅令人叹为观止，更是值得人类学习与借鉴的宝贵财富。

而人类居所——建筑，更是人类文明和文化的重要载体。通过建筑，学生可以直观地感受到不同地域、不同民族的文化特色和历史传承。贵州的吊脚楼、石板房等，就是其少数民族文化的重要组成部分，通过学习这些建筑，学生可以更深入地了解贵州的历史和文化。

对于四年级的学生而言，他们正处于逻辑认知能力快速发展的阶段，同时，这个年龄段的孩子对世界充满了无限的好奇与探索欲。我们选择在四年级引入居所的主题，是因为它蕴含着丰富的内涵，能够跨越多个学科领域——从地理环境的多样性，到文化的深厚底蕴，再到建筑艺术的精妙绝伦。

建筑主题与地理、材料、结构等知识紧密相连，在教学过程中，教师可以引导学生探讨建筑如何适应地理环境，如何利用当地材料，以及如何通过结构设计实现建筑的稳固与美观；建筑主题还能激发学生的创造力和想象力，通过参观、设计等活动，学生可以亲身体验建筑艺术的魅力，并在实践中锻炼自己的设计能力和创新思维。

“山中百居”这一主题，不仅让我们深入了解了动物与人类的居住环境，还让我们看到了人类与动物之间和谐共处的可能性。在探索这些居所的过程中，学生不仅能够拓宽知识面，还能培养起对自然界的敬畏之心与爱护之情。

## 二、对象：四年级学生

## 三、时间：40课时（每课时40分钟）

“山中百居”主题分为上、下两学期，每学期各 20 课时，共 40 个课时。

## 四、主题目标

“山中百居”主题活动的开展，旨在提升乡村学生八大方面的核心素养[1]。

### （一）勇于探究

学生能提出问题，且能针对既定问题或任务，运用多种感官和恰当的工具观察事物的外部特征，如动物和人类居所的周围环境、结构、材料等，用科学的词汇进行描述，并通过对比、分析等方法得出结论。

### （二）实践创新

学生能发挥创意和想象力，将创意转化为有形物品。

学生能够独立设计并完成简单的创新项目，主动探索新方法，解决实际问题。

### （三）沟通合作

学生能在团队中积极遵守合作学习约定，对任务合理分工。

### （四）自信分享

学生愿意在公众场合主动、自信、大方且有礼貌地分享或介绍自己的观察、思考、感受以及作品；在分享或介绍时，学生能够做到表达准确、清晰、流畅，并包含必要的细节。

### （五）乐学善学

学生能积极参与课堂主题的互动、小组讨论、户外观察、设计制作等不同类型的学习活动。

学生能按要求独立绘制至少包含四级主题的思维导图以整理所学关键信息，同时，能自主地填写自评、互评工具——“我的成长档案”，以此促进自我成长和提升小组合作学习能力。

### （六）乡土认同

学生通过探究等方式，探究各种居所的特点，感知家乡因地制宜、就地取材建房屋的智慧，增强对家乡的认同感。

### （七）社会责任

学生能自觉遵守课堂公约。

学生能感受传统民居建筑中人与环境的和谐，初步理解人类活动要尊重自然。

---

1　“八大核心素养”的来源及解释，详见《吾乡吾土指导纲要》（孔学堂书局 2025 年版）第一章。

### （八）审美情趣

学生能创作带有美感的作品。

学生具有发现、欣赏、评价他人作品美的意识和基本能力。

学生能够初步感受到传统民居的自然之美和人文之美。

## 五、主题内容

### （一）“山中百居”（上）

“山中百居”上学期，将引导学生专注于探索动物的居所，深入了解不同动物的栖息地及其居所智慧。课程内容涵盖了对动物居所的观察与研究，学生通过实地考察、小组讨论和模型制作等学习活动，感受到不同动物居所的精巧结构以及适应不同自然环境的智慧。

山中居所大搜索：学生通过户外探索，寻找和记录山中不同动物的居所。

山中居所藏智慧：学生深入研究特定动物居所（如喜鹊巢、蜂房、蜘蛛网、蜗牛壳、蚂蚁穴等）的选址、外观、材料、结构和功能，分析居所智慧。

绘制山居全景画：学生将所学知识整合，创作一幅展现山中居所全景的画作。

守护动物共安居：学生讨论如何让动物安居，通过个人点滴的实际行动保护动物和动物居所的丰富性。

### （二）“山中百居”（下）

“山中百居”下学期，将引导学生专注于探索人类的居所，引导学生深入了解贵州地区的传统及现代民居的建筑特色及其与自然环境的和谐共生。学生通过实地考察、模型制作和创意绘画等学习活动，观察和分析贵州民居的地理位置、结构、建筑材料、功能以及装潢，感受到人类适应、改造自然的智慧以及建筑中展示出的人类文明与文化，深刻理解人与自然的共生关系，并认识到要保护自然，保护人类共同生活的地球。

民居百貌大发现：学生观察和记录贵州不同地区的传统和现代民居，了解民居的建筑风格与当地自然环境的关系。

民居稳固细探究：学生通过实验和模型制作，探究民居的稳固性，学习不同建筑材料的特性及其对建筑稳定性的影响。

我是山居建筑师：学生发挥创意，设计自己的理想山居。

## 六、课程资源包

为了给乡土课教师和学生提供全面、系统的支持，实现课程目标，田字格公益为教师和学生提供了一整套教学和学习材料，包括：“引导手册”系列、“探索手册”系列以及电子课件等，这些统称为“乡土课程资源包”。

教师需将“引导手册”“探索手册”和电子课件整合使用，以确保教学内容的一致性。同时，教师可根据学校的实际情况以及学生的实际需求，灵活调整教案和活动设计，创造性使用“乡土课程资源包”中的内容。为了保证内容的完整性，每次课都比较紧凑，教师可以根据实际情况灵活增加课时，以保证每次课都能充分开展。

### （一）“引导手册”系列

每名教师配备 1 本，作为教学的主要参考。内容包括：

1. 课程介绍：整个学年的教学蓝图，包括主题目标、主题内容、课程评价方式、使用建议等。

2. 单元教学计划：详细介绍了每个单元的教学设计思路、学习目标等。

3. 教案：包括每堂课具体的教学目标、教学重难点、教学建议、教学准备、教学内容等。教案中涉及的视频、图片、音频等资源，教师可通过网络自行搜索下载，也可根据需要替换为近似的资源文件。

4. 教具清单：主题学习所需的教具和材料清单，包括彩笔、剪刀、卡纸、绘本以及教师需要提前准备的各类材料等，帮助教师做好课前准备。

5. 学生学期评价量表：用于评估学生在学期的学习进展和成就。

6. 合作学习约定：为了使小组能顺利地完成任务，课程中会教授学生合作技巧（即每次布置任务时提到的合作学习约定），包括“轮流发言”“举手表决”“专注倾听”“分工明确”“达成共识”“做好记录”等。

### （二）“探索手册”系列

每名学生配备 1 本，用于课堂活动和课后作业。“探索手册”旨在引导学生积极参与课堂活动、记录学习要点和完成课后任务。

### （三）电子课件

电子课件包含多媒体教学材料，如图片、PPT，与“引导手册”“探索手册”紧密配合使用，以增强学生的学习体验。

扫描二维码（图 1），填写表单即可获取课件下载方式。

图1：电子课件申领二维码

## 七、课程建议

### （一）课程重点

1. 五步教学法

“五步教学法”是设计乡土课的主要工具[1]，无论是学期教学计划、单元设计、课堂教案设计，都离不开五步教学法的应用。五步教学法包括：体验、学习、创造与行动、分享、联结与升华。

在“山中百居”主题上学期中，学生先通过第一单元“山中居所大搜索”体验感受多样的山中动物居所，再通过第二单元“山中居所藏智慧”学习五种动物的居所特点，然后在第三单元“绘制山居全景画”中，将之前所学通过创作的形式综合呈现，并进行分享，最后在第四单元“守护动物共安居”中情感及认识层面均升华到人与自然和谐共生，理解保护动物及其居所的多样性的重要意义，并思考如何采取行动保护它们。

在“山中百居”主题下学期中，学生先通过第一单元“民居百貌大发现”体验感受传统民居和新式民居的建筑特色以及建筑与自然的和谐共生，再通过第二单元“民居稳固细探究”学习影响房屋稳固的因素，最后在第三单元“我是山居建筑师”中结合之前所学的动物居所智慧、民居特色，再结合自然环境，小组合作创作“理想山居”，并通过“理想山居分享会”进行分享，在创造与分享中建立起了“居所”与自身的联结，更深地理解民居中蕴含着的人类文明与文化，情感及认识均得到了升华。

2. 鼓励学生自主探究

课程鼓励学生主动发现和提出问题，培养学生的探究精神。例如，在“民居稳固细探究”单元，围绕“如何让民居更加稳固？”这一核心问题，学生通过开展探究实验，来验证猜想。

3. 培养小组合作能力

课程中经常使用小组合作的学习方式，建议教师在开展小组合作时给每个组员都安排角色，比如记录员、安全员、检查员等，确保每位学生都能在团队中发挥独特的作用。为了小组能顺利地完成任

1 详见《吾乡吾土的探索与实践》（孔学堂书局 2025 年版）第四章内容。

务，课程中会教授学生合作技巧（即每次布置任务时提到的合作学习约定），包括如何“轮流发言”“专注倾听”“达成共识”“做好记录”等。

## （二）课程固定版块

1. 明确活动规则与示范演示

在开展每项活动前，教师应确保每位学生都清楚了解活动规则，必要时教师要进行规则的示范。

2. 课堂的固定内容

课堂固定内容为回顾《乡土开课辞》、回顾课堂规则、回顾户外课堂约定、上节课回顾、本节课总结。

回顾《乡土开课辞》[1]：教师可以和学生一起为《乡土开课辞》编动作[2]，激发学生的学习兴趣。

回顾课堂规则：教师重申课堂规则，确保学生对课堂约定有清晰的认识，并能遵守。

回顾户外课堂约定：外出活动前，均需重申户外课堂的规则要求，以确保学生恪守约定，户外课能顺利开展。

上节课回顾：教师通过提问或游戏的方式，回顾上节课内容，为本次课开展做铺垫。

本节课总结：每个课堂结束前，教师应总结当天的学习内容和学生表现，帮助学生巩固记忆。然后，通过引导学生填写“探索手册”中的本课“今日收获”。

3. 总结课版块

每个单元的最后一次课一般包括两个重要活动：绘制思维导图，填写“我的成长档案”。

思维导图：是一种有效的图形思维工具。通过绘制思维导图，教师引导学生回顾并总结每个单元或学期所学内容。在本学年，学生需能绘制至少包含四级主题的思维导图。

我的成长档案：每个单元或学期结束时，学生填写“我的成长档案”对自己的学习表现进行自评，并对小组其他成员作出评价，思考并总结自己和小组伙伴的成长变化。

## （三）评价与反馈

课程采用多元的评价方式，旨在帮助教师全面了解学生学习进展，引导学生自我反思和持续成长。

1. 从评价内容的角度，教师可对学生进行鼓励性评价。

（1）小组合作情况：教师可评价学生在小组合作中的表现，如学生是否能做到轮流发言、认真倾听、积极参与小组活动；也可评价小组整体合作情况，如是否做到分工明确、互帮互助、有序组织等。

（2）学生分享情况：教师可对学生的作品或观点给予积极的反馈，如“这幅作品很有想象

---

1 《乡土开课辞》的内容阐释，请参考《吾乡吾土的探索与实践》（孔学堂书局 2025 年版）第四章中关于“乡土观”的介绍。

2 《乡土开课辞》的动作编排可参考田字格公益官网“学习园地—课程资源”中的“乡土示范课”。

力”“这个观点很独特”等。

（3）学生参与活动情况：教师可以评价学生参与活动的积极和投入程度，是否遵守规则，以及在分享时的礼仪、音量和表达等方面的表现情况。

（4）学生进步情况：评价学生在学习中取得的各方面的进步。

（5）学生遵守课堂规则情况：评价学生是否遵守规则，保持良好的秩序的情况。

（6）学生掌握知识情况：评价学生对知识的掌握情况。

（7）学生填写“探索手册”的质量：可从书写工整程度、作品创意等等方面进行评价。

（8）其他：可从学生是否做到勤于思考、专注、用心、有责任心等方面进行评价。

2. 从评价时间的角度，教师可以在三个环节对学生评价。

（1）当堂评价：教师在教学过程中，要及时给予学生正面的反馈和建设性的建议，激励学生不断探索和进步。

（2）单元评价：每个单元结束时，教师和学生均需填写“探索手册”中“我的成长档案”，其包括学生自评、小组互评、教师评价三个部分。学生填写时要反思学习的表现和进步，小组同伴需互相看到合作中的亮点和不足。教师根据学生的课堂表现，提供个性化的反馈和建议。

（3）学期评价：本手册中提供了“学生学期评价量表”，教师可将该表复印并张贴在教室中，供学生熟悉评估维度。每个学期末，教师可根据该表综合评价学生整个学期的表现。

### （四）教师活动

本手册的课堂教案中有清晰、规范的教师活动的建议，教师可直接使用本手册中内容，也可根据实际情况调整。教师在课堂中的活动必须遵循三个原则：尊重学生；活泼有趣，特别是对于低年级的学生；以鼓励性的语言为主，同时确保表达准确、清晰。

**表：教师活动规范说明**

| 教师活动 | 活动类型 | 活动说明 |
|---|---|---|
| 教师引入 | 语言 | 教师可参考“引导手册”提供的完整性语言，为学生作活动引入 |
| 教师介绍 | 语言 | 教师可参考电子课件提供的内容，在备课时准备好如何具体表达此部分内容 |
| 教师出示 | 动作 | 出示内容一般为谜语、图片、范例等。教师可参考“引导手册”提供的关键词，在课前完成下载、制作，并放入电子课件 |
| 教师播放 | 动作 | 播放内容一般为视频。教师可参考“引导手册”提供的关键词，在课前完成视频准备（下载、课前在班班通上打开） |
| 教师示范表达 | 语言 | 教师可参考“引导手册”的示范表达语言，为学生做示范 |

（续表）

| 教师活动 | 活动类型 | 活动说明 |
| --- | --- | --- |
| 教师示范动作 | 动作 | 教师可参考“引导手册”的动作提示，为学生作动做示范 |
| 教师组织 | 动作 | 教师在组织学生开展活动时（外出、分享、展示、实践、创作、游戏等），应注意以下几个方面：<br>1. 教师在组织活动时，需和学生明确活动规则，如果有个别学生违反规则，教师需及时提醒该生。如果较多学生违反规则，教师应该暂停活动，重新和学生强调规则，待学生能遵守规则时，再开始活动<br>2. 教师的音量，应符合活动的要求。比如在创作时，要求学生音量为“1”，教师在巡场指导时，音量也要为“1”<br>3. 在活动结束后，教师应对活动中小组或者学生表现好的方面给予肯定或鼓励性评价，以引导、培养学生的好习惯 |
| 思考与互动 | 语言 | 教师通过提问引导学生思考，与学生互动。具体问题可以直接参考本手册。同时，教师需注意以下三点：<br>1. 提出的问题可以不限于本手册中的问题<br>2. 教师应鼓励学生认真思考后再对问题进行回应<br>3. 对于开放性问题，教师可以和学生强调：答案没有对错之分，只要言之成理即可 |
| 教师总结 / 小结 | 语言 | 教师可参考“引导手册”的语言提示，带领学生做总结 |

## — 山中百居（下）—

# 山中百居｜上

# 开学第一课
## （2 课时）

### 一、教学目标

1. 通过课堂活动，学生了解本学期乡土课的主题为“山中百居”，复习《乡土开课辞》、音量规则、分享规则。

2. 通过遵守“轮流发言”“举手表决”的合作学习约定，学生能较为顺利地组建新学期小组，完成选组长、定分工、起组名。

3. 通过小组讨论，全班投票等形式，学生能选定 4 ~ 5 条具体、清晰的课堂约定。

### 二、教学重难点

1. 教学重点：学生能自主完成组建小组的任务。

2. 教学难点：教师科学分组，各小组间能力水平相对均衡。

### 三、教学建议

1. 教师根据本班实际情况，确定小组数量，建议每个小组 4 ~ 6 人。

2. 教师可根据本班实际学情，调整分组方法，如教师可提前确定分组名单或指定组长。

3. 教师需提前将学生桌椅调整成小组形式摆放，新的小组成立前，同学们自由坐[1]。

### 四、教学准备

1. 分组卡片：教师根据班级分组情况，在卡片上写上“山”“中”“百”“居”“乡”“土”“课”等字，每张卡片上写一个字，每个字拳头大小。

---

1　参见《吾乡吾土指导纲要》（孔学堂书局 2025 年版）第五章内容。

2. 动作设计：可由教师课前编排简单的《乡土开课辞》动作[1]，也可由学生自主编创。

## 五、教学内容

本次课共 4 个环节，分别是“走进乡土课”“我和新组员”“课堂新约定”“本节课总结”，课程时长 80 分钟（2 课时）。

### 环节一：走进乡土课（5分钟）

#### （一）目标

学生学习或复习《乡土开课辞》、音量规则。

#### （二）步骤

1. 教师引入：欢迎来到新学期的乡土课！从今天开始，我们就踏上了新的乡土之旅啦，同学们是不是很期待呢？大家还记得我们的《乡土开课辞》吗？

2. 教师介绍：《乡土开课辞》。

3. 师生诵读《乡土开课辞》。

【提示】

①每次乡土课最开始，全体学生要齐读《乡土开课辞》。

②教师可简单阐释《乡土开课辞》大意，适当加入动作、节拍等[2]。

4. 思考与互动：在乡土课我们经常使用哪几种不同的音量？

5. 教师介绍音量规则。

（1）“0”：无声（倾听和自主创作时）。

（2）“1”：小声，即耳语（两人小声交流时）。

（3）“2”：轻声细语，组内能听到（小组合作时）。

（4）“3”：声音洪亮，全班能听清楚（分享时）。

### 环节二：我和新组员（35分钟）

#### （一）目标

通过本环节，学生形成新的学习小组；通过“举手表决”“轮流发言”的方式，学生确定组长、组员分工和组名。

#### （二）步骤

1. 教师引入：这个学期我们会成立新的小组，你的伙伴会是谁？接下来，我们玩个小游戏。

---

1 《乡土开课辞》的动作编排可参考田字格公益官网“学习园地—课程资源”中的“乡土示范课”。

2 可参考田字格公益官方网站，“学习园地—课程资源”中的“乡土示范课”。

2. 教师介绍任务和规则：找朋友。

（1）每人抽取一张小卡片。

（2）走动起来，与周围同学互相查看彼此手中卡片的文字。

（3）持有相同卡片内容的同学手拉手走到一起。

（4）音量为“2”，时长10分钟。

3. 教师组织开展“找朋友”游戏。

（1）教师发放分组卡片。

（2）组织学生玩游戏。

（3）全体同学找到各自小组并坐到对应位置上。

【提示】

①拿到相同卡片的学生为一组。

②开始走动前，教师可带领学生回顾“1”和“2”的音量。

③组织语言可参考：每位同学都会拿到一张小卡片，拿到相同卡片的同学即为一组。当老师说开始的时候，大家以不超过“2”的音量自由走动，尽快找到和你的卡片内容相同的同学，和他站在一起。

4. 教师宣布新的小组成立。

5. 教师介绍“组长和组员责任”：组长是老师的小助手，负责协助老师和组员开展活动、维持纪律、帮助组员更好地完成任务；组员要配合组长一起完成小组任务。

6. 教师介绍任务及规则：组建小组“三步曲”。

（1）以小组为单位，完成选组长、定分工、起组名。

（2）音量为“2”，时长15分钟。

（3）遵守合作学习约定：“轮流发言”“举手表决”。

| 轮流发言 | |
|---|---|
| 该怎么做？ | 该怎么说？ |
| ①按指定的顺序，每个人依次发言<br>②听上一个同学说完，再开始分享 | ①我建议……做组长，因为……<br>②我推荐自己做组长，因为……<br>③我想做资料员 / 安全员，因为…… |
| **举手表决** | |
| 该怎么做？ | 该怎么说？ |
| 举手投票，少数服从多数 | 支持……的同学请举手 |

7. 教师组织小组完成任务。

8. 教师介绍任务及规则：小组亮相。

（1）从讲台一边上台，另一边下台。

（2）所有人站定一起鞠躬后说“大家好，我们是……组”。组长介绍自己“我是组长……”后，由组员依次介绍自己“我是组员……，我是组员……”。所有人介绍完毕后一起鞠躬后说“谢谢大家”。

（3）分享音量为“3”，听众音量为“0”。

（4）台下的同学听完台上小组的分享后，及时送上掌声。

9. 教师组织小组上台亮相。

【提示】教师引导台下同学注意倾听，及时给予台上学生反馈，比如声音洪亮、吐字清楚、遵守规则等；若班级人数、小组数较多，视实际时间决定分享名额，无须所有小组上台分享。

10. 思考与互动。

（1）每个小组卡片各不一样，请各组长把自己的卡片贴在黑板上，大家看看要如何摆放，上面的字读起来才比较通顺呢？（每位组长拿到的是不一样的卡片）

（2）我们的主题是四个字，大家猜一猜是什么？

11. 教师总结：本学期主题为“山中百居”，“百”在这里表示“多”的意思，“居”指的是居所，本学期我们将一起探索山中各种各样的动物居所。

### 环节三：课堂新约定（35分钟）

#### （一）目标

学生讨论、投票确定本学期的课堂约定。

#### （二）步骤

1. 教师介绍任务及规则：制订课堂约定。

（1）组长带领组员讨论“探索手册”中给出的内容并选出 4 ~ 5 条课堂约定。

（2）讨论音量为“2”，时长 10 分钟。

（3）遵守合作学习约定：“轮流发言”“达成共识”。

| 轮流发言 | |
|---|---|
| 该怎么做？ | 该怎么说？ |
| 一次只有一个人发言 | 组员：①我认为课堂约定可以是……<br>②我建议……做课堂约定<br>组长：轮到你发言了 |
| **达成共识** | |
| 该怎么做？ | 该怎么说？ |
| ①组长要让每个组员都能表达意见<br>②每一个观点都要提供理由<br>③经过讨论仍意见不一时，举手投票 | ①对于这个问题，你怎么想？<br>②我认为……，因为……<br>③我同意 / 不同意……的观点，因为……<br>④我们组的结论是…… |

2. 教师组织示范：教师选择一个小组，带领该组组长和组员，向全班同学示范该如何“轮流发言”“达成共识”。

3. 教师组织小组讨论。

4. 教师示范分享：经过讨论和投票，我们小组选择……作为本学期课堂约定。

5. 教师组织小组代表分享：本组讨论结果。

（1）小组代表依次分享。

（2）教师板书：各组选出约定的序号。

6. 教师组织学生投票。

（1）教师从板书的序号中确定各小组选出的相同的约定内容。

（2）学生通过举手投票从选出的约定中选出 4 ~ 5 条为本学期的课堂约定。

【提示】教师需要让学生明确了解每条课堂约定的含义。

7. 教师组织学生把选定的课堂约定工工整整地抄写在“探索手册”上。

【提示】此时亦可让学生在“探索手册”上补充组长、组员、分工以及小组名称。

### 环节四：本节课总结（5分钟）

1. 教师总结今日所学。

2. 教师布置作业：完成“探索手册”。

## 六、参考板书

今日主题：开学第一课　　　　日　期：　年　月　日

乡土开课辞　音量规则　“找朋友”

选组长→定分工→起组名

小组初亮相

学期主题：山中百居

课堂新约定

# 第　一　单　元
# 山中居所大搜索

## 一、单元设计思路

“山中居所大搜索”属于“山中百居”主题上学期第一个单元。本单元以“什么是居所？”“山村里的动物都住在哪？”“这些居所有哪些特点？”为核心问题展开教学。学生在教师的引导下进行户外观察体验活动，通过观察日常生活环境中的动物居所，并对其进行记录、描述和分享，形成山中之“居”是“居住处所和生活环境”的初步概念；学习各类居所名称，初步认识到不同居所在选址、材料、结构（外观）、功能上的不同特点，进而对身边的“居所”产生兴趣和好奇。

## 二、单元跨学科设计

本单元涉及科学、综合实践、语文三门学科。

## 三、单元目标

### （一）勇于探究

在好奇心的驱使下，学生表现出对山中动物居所的探究兴趣，能积极参与观察探索活动。

### （二）沟通合作

学生愿意参加小组讨论，且在讨论中遵守“轮流发言”“专注倾听”的合作学习约定。

## 四、单元课程目录

第 1 课　山中居所大搜索（2 课时）

## 五、相关概念

**居所：**居住的处所或生活环境。

# 第1课 山中居所大搜索（2课时）

## 一、教学目标

1. 通过教师引导，学生能遵守户外课堂约定，有序开展户外观察活动。

2. 通过遵守“轮流发言”和“专注倾听”的合作学习约定，学生能分享户外观察结果和收获。

3. 通过教师引导，结合实地观察，学生能认识到山中动物居所的名称、选址、环境、材料、外观、功能各不相同。

## 二、教学重难点

1. 教学重点：学生遵守户外课堂约定，有序开展户外观察活动。

2. 教学难点：学生能目标明确、高效率地完成户外观察和记录任务。

## 三、教学建议

1. 初次组织户外课堂的教师，务必花一些时间带学生学习户外课堂约定，并制订违反约定的处理方法，可以先带领学生在校内进行训练，使学生熟悉在户外的指令以及规则。

2. 户外活动时，教师应遵照先集中引导，再自由探索的顺序进行，在学生自由探索前，务必划定明确的活动范围。

3. 回到教室后，教师需对当次户外课堂约定遵守情况及时总结反馈。

4. 如教师开展校外教学存在困难，可用图片、影像资料代替，并请学生利用课后时间自主观察。

## 四、教学准备

1. 户外踩点：选择视野开阔、平坦、安全的活动区域。

2. 教学支持：可邀请1名助教老师参与，协助维持纪律。

3. 视频：以“动物居所”为主题的视频[1]。

## 五、教学内容

本次课共4个环节，分别是“上节课回顾”“走进山中寻居所”“居所发现齐分享”“本节课总结”，课程时长80分钟（2课时）。

### 环节一：上节课回顾（5分钟）

1. 齐诵《乡土开课辞》。

2. 教师组织学生回顾课堂约定、户外课堂约定。

3. 教师组织学生回顾上节课主要内容。

### 环节二：走进山中寻居所（35分钟）

#### （一）目标

通过户外观察活动，学生能从不同视角观察、记录动物居所，能理解居所的含义。

#### （二）步骤

1. 教师引入：本学期的主题是“山中百居”。今天，我们将正式进入“山中百居”第一个单元“山中居所大搜索”的学习。

2. 教师出示图片：“小鸟在鸟巢里”“人在房子里”“蜘蛛在树上结网”等。

3. 思考与互动：大家从图片上看到了什么？

4. 教师小结。

（1）小鸟住在鸟巢中，人住在房子里，房子建在地面上……

（2）居所指的是居住的处所或生活环境；“山中百居”，指的是山里各种小动物的居所，还有我们人的居所。

5. 教师介绍任务及规则：走进山中寻居所。

（1）以小组为单位，在指定户外区域搜寻动物的居所，观察这些居所的选址、环境、形状、材料，并在“探索手册”上做记录。

（2）音量不超过“2”，时长30分钟。

（3）遵守合作学习约定：“多方求助”“积极助人”。

1　可网络搜索“自然世界　自然传奇　动物建筑师”等关键词获得。

| 多方求助 | |
|---|---|
| 该怎么做？ | 该怎么说？ |
| ①提出请求<br>②顺序求助：工具书→组员→组长→其他小组→老师 | ①可以帮帮我吗？<br>②我需要协助 |
| **积极助人** | |
| 该怎么做？ | 该怎么说？ |
| 主动帮助别人 | ①你需要帮忙吗？<br>②我来帮你！ |

6. 教师组织学生阅读“探索手册”，熟悉观察任务和记录方法。

7. 思考与互动：去户外上课，要遵守哪些规则才能保证良好的秩序？

8. 教师出示：户外课堂约定及处罚办法。

户外课堂约定：不远跑，爱花草；有问题，找老师；排好队，看脚下；点人数，及时报；低声走，听指挥。

处罚办法：若个别同学违反约定，先提醒；每提醒1次，该同学暂停活动3～5分钟；若一位同学被暂停超过3次，则取消其下次外出机会；若班级整体秩序差，则暂停本次户外课或取消下次户外课。

9. 教师介绍活动区域。

10. 教师组织小组排队去户外观察。

【提示】提醒学生带好《山中百居（上）》（探索手册）和笔，请学生收好凳子后到走廊排队，请组长负责整队，然后有序前往户外活动地点。

【教师引导参考】

想：想一想，我们平时经常见到哪些动物？

找：找一找，动物的居所会在哪里呢？看看谁找得多。

猜：猜一猜，居所里可能住着谁？

看：仔细看一看，（居所）它是什么形状的？用什么材料做成的？居所的周围有什么？

11. 教师组织学生以不超过“2”的音量有序回到教室。

### 环节三：居所发现齐分享（35分钟）

#### （一）目标

通过运用“轮流发言”“专注倾听”的合作学习技巧，学生能分享户外观察结果和收获，能说出山中居所具有种类多样、分布广泛的特点。

（二）步骤

1. 教师介绍任务及规则：分享我的观察。

（1）以小组为单位，在组长的组织下，组内依次分享户外发现。

（2）音量为“2”，时长10分钟。

（3）遵守合作学习约定：“轮流发言”“专注倾听”。

| 轮流发言 | |
| --- | --- |
| 该怎么做？ | 该怎么说？ |
| ①按组长指定的顺序，每个人依次发言<br>②上一个同学说完，下一个开始分享 | 大家好，我发现了…的居所，它的位置在……，它是用……做的，它的样子是……，它周围有……，谢谢大家！ |
| 专注倾听 | |
| 该怎么做？ | 该怎么说？ |
| ①看着发言的人，微笑或点头表示听懂<br>②不打断别人的发言 | —（保持音量为“0”） |

2. 教师组织组内分享并点评。

【提示】教师可从各组任务完成的各方面进行总结点评，如：学生“轮流发言”“专注倾听”情况，组长的组织情况，组员的礼仪、内容、音量等方面。

3. 思考与互动。

（1）我们发现了多少种动物居所？（巢、窟、洞、穴、网、窝）

（2）这些动物的居所都在哪里？（分布在树上、地面上、地下等）

（3）这些居所周围都有什么？（干草、树叶、石头、小土堆……）

（4）这些居所有哪些不同？（名称、选址、环境、材料、外观、功能等都不一样）

（5）为什么不同的动物住在不同的居所里？

4. 教师总结：我们发现，山中的动物居所种类多、分布广泛。有一些居所，是小动物自己搭建的，有一些则是人类为他们搭建的；有一些是用土和草搭建，有一些是用自己的羽毛搭建的；有一些居所可以遮风避雨，有一些居所可以捕捉和储存食物；有一些居所在地下，有一些在水里，有一些在树上……不同居所的名称、选址、环境、材料、外观、功能都不一样。

## 环节四：本节课总结（5分钟）

1. 教师总结今日所学。

2. 教师布置作业：完成“探索手册”。

## 六、参考板书

今日主题：山中居所大搜索　　日　期：　年　月　日

居所：居住的处所或生活环境

不同的居所材料、结构（外观）、选址（位置）、功能不一样

# 第二单元
# 山中居所藏智慧

## 一、单元设计思路

“山中居所藏智慧”属于“山中百居”主题上学期的第二个单元。通过本单元的教学活动，学生探究动物居所的特点并体会其中蕴藏的智慧，了解人类在建筑设计中对动物居所智慧的借鉴。

本单元以“山中动物居所的特点是什么？”“动物居所蕴藏了哪些智慧？”“人类借鉴了哪些动物居所的智慧？”为核心问题展开教学。在探究喜鹊巢、蜂巢、蚁穴、蜗牛壳、蜘蛛网时，课程均采用学生观察、提问、创作的学习方式。最后一次课“山居智慧小记”为本单元总结课，学生通过绘制单元思维导图，撰写《山居智慧小记》，完成“我的单元成长档案”的填写，总结本单元所学。

## 二、单元跨学科设计

本单元涉及数学、科学、美术、劳动教育、道德与法治、语文六门学科。

## 三、单元目标

### （一）勇于探究

1. 学生能表现出对山中动物居所的探究兴趣，积极参与观察探索活动，并提出自己感兴趣的与课程内容相关的问题。

2. 通过阅读、实验等方式，学生能探究相关问题，并得出相关结论。

### （二）审美情趣

学生能结合观察、感受，发挥创意，绘制动物居所。

### （三）沟通合作

1. 学生愿意参加讨论，能在讨论中“轮流发言”“分工明确”“达成共识”，并记录主要结论。

2. 学生能在组内履行自己的角色与职责，并愿意帮助他人；遇到困难时，能按照求助顺序求助。

### （四）实践创新

学生能发挥创意和想象力，使用各种材料，搭建动物居所。

### （五）自信分享

1. 学生能声音洪亮、有礼貌地主动分享观察结果、创作成果，并有意识地借助语气、表情、肢体动作，吸引观众的注意力。

2. 学生能围绕主题清晰、自信、流畅、细节丰富地分享。

### （六）乐学善学

1. 学生能积极参与课堂互动、小组讨论、观察、阅读等不同类型的学习活动。

2. 学生能绘制至少包含四级主题的单元思维导图，总结本单元所学。

3. 学生能使用“我的单元成长档案”进行自我评价与小组互评，培养反思与改进的意识。

## 四、单元课程目录

第 2 课　喜鹊巢精心造（2 课时）

第 3 课　小蜂房结构巧（2 课时）

第 4 课　蜘蛛网智慧多（2 课时）

第 5 课　蜗牛壳作用大（2 课时）

第 6 课　蚂蚁穴奥秘深（2 课时）

第 7 课　山居智慧小记（2 课时）

# 第2课 喜鹊巢精心造（2课时）

## 一、教学目标

1. 通过观察图片，学生能分享自己的发现和感兴趣的问题。

2. 通过观察图片、观看视频、搭建喜鹊巢等方式，学生了解喜鹊筑巢的材料、步骤、方法，以及喜鹊巢的功能和结构特点，发现其中的智慧。

3. 通过观看视频、结合所学，学生能小组合作搭建“喜鹊巢”。

## 二、教学重难点

1. 教学重点：学生学习喜鹊筑巢的步骤、材料、方法，以及喜鹊巢的功能和结构特点。

2. 教学难点：小组合作搭建一个稳固且精细的喜鹊巢。

## 三、教学建议

教师可以在课前制作一个喜鹊巢，评估筑巢所需要材料的数量，准备好课上需向学生讲解的重难点和注意事项。

## 四、教学准备

1. 材料：较为粗壮的树杈、长短不一的树枝、和好的泥巴、干草、羽毛、棉絮、干树叶，每组1套。

2. 视频：《喜鹊窝到底为什么不惧怕风雪》[1]《鸟类巢穴大比拼》《体育场为什么设计成鸟巢形》[2]。

---

1 视频中需含有喜鹊筑巢的步骤、方法。

2 教师可在网上查找相关视频并下载。

## 五、教学内容

本次课共5个环节，分别是“上节课回顾”“喜鹊筑巢知多少”“我学喜鹊筑鸟巢”“鸟巢智慧启示录”“本节课总结”，课程时长80分钟（2课时）。

### 环节一：上节课回顾（5分钟）

1. 齐诵《乡土开课辞》。

2. 教师组织学生回顾课堂约定。

3. 教师组织学生回顾上节课主要内容。

### 环节二：喜鹊筑巢知多少（35分钟）

**（一）目标**

通过观察图片、观看视频等方式，学生了解喜鹊巢的外观、内部结构、功能、所用材料，以及筑巢的步骤、具体方法，感受喜鹊筑巢的智慧。

**（二）步骤**

1. 思考与互动：上节课，我们认识了很多动物居所，同学们还记得哪些小动物住在树上？

2. 教师引入：今天，我们要开启“山中居所藏智慧”主题单元的学习，我们将深入学习一个小动物的居所。猜猜这个谜语说的是哪个小动物？

3. 教师出示谜语。

一物生来好模样，长长尾巴短身材，
黑衣黑袍白肚皮，红红嘴巴圆眼睛，
枝头一站叫喳喳，专向人间报喜来。

——喜鹊

4. 教师小结：这个谜语的谜底是“喜鹊”，喜鹊是常见的一种鸟。鸟的居所一般叫“巢”或“窝”，喜鹊的居所叫做“喜鹊巢”或“喜鹊窝”。

5. 思考与互动：你观察过喜鹊巢吗？

6. 教师介绍任务及规则：我会观察和提问。

（1）请仔细观察喜鹊巢的图片。

（2）记录你的观察发现，提出你感兴趣的关于喜鹊巢的问题。

（3）音量为“0”，时长5分钟。

7. 教师组织学生完成任务。

8. 教师介绍任务及规则：组内交流。

（1）在组长组织下，每位学生分享自己的发现和感兴趣的问题。

（2）音量为“2”，时长8分钟。

（3）遵守合作学习约定：“轮流发言”“做好记录”。

| 轮流发言 | |
|---|---|
| 该怎么做？ | 该怎么说？ |
| ①按组长指定的顺序，每个人依次发言<br>②听上一个同学说完，再开始分享 | 组长：轮到你发言了<br>成员：我发现喜鹊巢…… 我很好奇…… |
| **做好记录** | |
| 该怎么做？ | 该怎么说？ |
| ①记录员记录关键词和主要内容<br>②重复的内容只记录一次 | 组长：请你负责记录，可以吗？<br>记录员：我们组的结论是…… |

9. 教师组织学生组内交流。

10. 教师组织各组记录员分享本组结论。

11. 教师小结：既然同学们提出了这么多有趣的问题，那我们就一起通过接下来的学习，看看能否解答这些疑惑吧！

12. 教师播放视频：《喜鹊窝到底为什么不惧怕风雪》。

13. 思考与互动。

（1）通过视频，你的哪些问题得到了解答？

（2）请用自己的话说一说，你对“喜鹊巢精心造”的理解。

【提示】教师可以根据视频、学生提的问题以及具体表达，从以下几方面来帮助学生提炼总结。

①喜鹊巢的选址。

②喜鹊巢的外观。

③喜鹊巢的功能和内部结构。

④搭建喜鹊巢使用的材料。

⑤喜鹊巢搭建的方法和步骤。

14. 教师总结。

（1）喜鹊巢表面上看很粗糙，实际很坚固，不漏风不漏雨，里面也温暖舒适。它不仅为喜鹊们遮风挡雨，也是喜鹊们哺育后代的家。正因为有这样的智慧，喜鹊也被称作“鸟中的建筑大师”。

（2）从最初鸟巢的选址，到最后鸟巢的建成，喜鹊需要花费4个月左右的时间。同时，为了保证鸟巢的温度和舒适度，喜鹊还需要在鸟巢里铺满干草、树叶和羽毛。这些都体现了喜鹊筑巢的精心。

（3）如果同学们还有疑问没有得到解答，可以课后自己查找或请老师帮忙查找相关资料获得答案。

### 环节三：我学喜鹊筑鸟巢（25分钟）

#### （一）目标

通过学习喜鹊筑巢的方法，小组合作搭建一个喜鹊巢，提升小组合作及动手创造能力，体会喜鹊筑巢的智慧。

#### （二）步骤

1. 教师引入：刚才我们已经了解到喜鹊筑巢的方法和步骤，接下来，我们将小组合作搭建一个喜鹊巢。

2. 教师介绍任务及规则：我学喜鹊筑鸟巢。

（1）以小组为单位，在组长的组织下，小组合作搭建一个喜鹊巢。

（2）当材料不够时，经老师同意，组内派代表在校园内寻找所需的材料。

（3）音量不超过“2”，时长20分钟。

（4）遵守合作学习约定：“分工明确”。

| 分工明确 | |
|---|---|
| 该怎么做？ | 该怎么说？ |
| ①组长组织分工，让每个人都有事做<br>②每个人努力完成自己的分工 | 组长：请你负责……可以吗？<br>组员：我的分工是…… |

3. 教师组织小组完成搭喜鹊巢的任务。

（1）教师分发材料。

（2）小组合作搭建喜鹊巢。

4. 教师组织学生将作品集中摆放展示。

【提示】可以让学生拿起来晃一晃，看一看是否牢固；还可以邀请学生看一看鸟巢内部是否精致等。

### 环节四：鸟巢智慧启示录（10分钟）

#### （一）目标

学生对其他鸟类的筑巢智慧产生好奇心，了解人类建筑对鸟巢的借鉴。

#### （二）步骤

1. 思考与互动。

（1）你还见过哪些鸟的巢？

（2）鸟巢的作用都有哪些？

（3）它们有哪些不同？

2. 教师播放视频：《鸟类巢穴大比拼》。

3. 教师小结：鸟儿们都很有智慧。它们利用常见的材料，选择合适的地点筑巢、产卵、育雏，给鸟宝宝们提供一个舒适的成长环境。不同的鸟巢，外观、内部结构和使用材料等各不相同。

4. 思考与互动。

（1）你知道人类哪些建筑借鉴过鸟巢的智慧吗？

（2）为什么中国国家体育场会借鉴鸟巢的形状？

【提示】教师可根据情况播放视频《体育场为什么设计成鸟巢形》。

5. 教师总结：鸟巢象征着孕育新生命的希望，寄托着人类对未来的希望。

### 环节五：本节课总结（5分钟）

1. 教师总结今日所学。

2. 教师布置作业：完成“探索手册”。

## 六、参考板书

今日主题：喜鹊巢精心造　　　　日　期：　年　月　日

喜鹊——鸟中的建筑大师

喜鹊巢

选址：较高大树的中层枝杈

外观：球形或椭圆形

结构：多层结构

材料：粗树枝、枯草枝、细树枝、羽毛、干草……

功能：保护、保温、繁殖……

# 第3课 小蜂房结构巧（2课时）

## 一、教学目标

1. 通过课堂实验，学生能说出蜂房的六边形结构具有紧密排列、稳定性强等特点，感受蜂房结构的巧妙。

2. 通过观察、阅读、实验、教师讲解等，学生能说出蜂巢的选址、材料、功能、结构特点，以及人类如何借鉴了蜂巢的智慧。

## 二、教学重难点

1. 教学重点：学生学习蜂巢的选址、材料、功能、结构特点。

2. 教学难点：小组能有序开展实验，探究蜂房的六边形结构的特点。

## 三、教学建议

1. 教师课前先实验，掌握开展实验的流程和方法。

2. 教师在课前准备好课上所需材料，在小组实验环节，有序组织，引导学生积极参与。

## 四、教学准备

1. 教师准备工具：A4 纸，每个小组至少 4 张；双面胶或胶带，每组 1 ~ 2 份。

2. 学生准备工具：尺子、铅笔。

3. 图片：以“蜂巢智慧”为主题的图片[1]。

1 网络搜索“蜂巢 智慧”等关键词可获得。

## 五、教学内容

本次课共 5 个环节，分别是“上节课回顾”“我观蜂巢有发现”“蜂房结构真奇妙”“蜂巢智慧启示录”“本节课总结”，课程时长 80 分钟（2 课时）。

### 环节一：上节课回顾（5分钟）

1. 齐诵《乡土开课辞》。

2. 教师组织学生回顾课堂约定。

3. 教师组织学生回顾上节课主要内容。

### 环节二：我观蜂巢有发现（35分钟）

**（一）目标**

通过观察图片、阅读文章，学生能说出蜂巢的选址、材料、功能、结构。

**（二）步骤**

1. 教师引入：我们今天这次课要学的居所是谁的呢？来猜一猜。

2. 教师出示谜语。

团结劳动是模范，全家住在格子间，常到花丛去工作，造出产品比糖甜。

——蜜蜂

3. 教师总结：今天我们要来学习蜜蜂的居所，蜜蜂的居所叫蜂巢，蜂房是构成蜂巢的基本单元。

4. 思考与互动。

（1）你见过蜂巢吗？它们一般建在哪里？

（2）请观察“探索手册”中蜂巢和蜂房图片，说一说你的发现。

（3）请阅读“探索手册”中文章《蜂房的秘密》，说一说你的发现。

【提示】学生回答的时候，教师可以同时从蜂巢的选址、材料、结构、功能四个方面来归纳总结，进行板书。

5. 教师小结。

（1）蜜蜂一般把居所建在树上，还有一些建在山洞、房檐、窗户上。

（2）蜂巢的结构是六边形的。

（3）蜂巢是用蜂蜡制作的，蜂蜡是蜜蜂的分泌物。

（4）蜂巢可以用来储藏食物、养育幼虫、保护蜜蜂免受外界侵害等。

6. 思考与互动：请用自己的话说一说你对“小蜂房结构巧”的理解。

7. 教师总结：小蜂房六边形的结构不仅结构强度高，重量轻，还能隔音隔热。蜜蜂也是建筑大师呢！

## 环节三：蜂房结构真奇妙（30分钟）

### （一）目标

小组合作完成实验，学生感受蜂房以六边形为结构的智慧。

### （二）步骤

1. 思考与互动：为什么蜂房是正六边形呢？

2. 教师介绍任务和规则：纸柱制作。

（1）每个小组用 A4 纸张折出四种纸柱：三棱柱、长方体、六棱柱、圆柱。

（2）遵守合作学习约定："分工明确""做好记录"。

| 分工明确 | |
|---|---|
| 该怎么做？ | 该怎么说？ |
| ①组长组织分工，让每个人都有事做<br>②每个人努力完成自己的分工 | 组员：组长，我想……<br>组长：请你负责……可以吗？ |
| 做好记录 | |
| 该怎么做？ | 该怎么说？ |
| ①记录员记录关键词和主要内容<br>②重复的内容只记录一次 | 组长：请你负责记录，可以吗？<br>记录员：我们组的结论是…… |

3. 教师组织学生完成任务。

（1）教师分发 A4 纸张（每个小组 4 张）。

（2）学生参考"探索手册"图片折四种形状的纸柱。

4. 教师介绍任务及规则：谁的承重能力强。

（1）以小组为单位，对不同形状纸柱的承重能力进行测试。

（2）准备 6 本同样的书。

（3）将三棱柱、长方体、六棱柱和圆柱放在平稳的桌面上。

（4）先将一本书放在三棱柱的中心位置，等待 3 秒，继续放第二本、第三本……直到三棱柱倾斜倒塌。

（5）重复上个步骤，依次将书放在长方体、六棱柱和圆柱上进行测试。

5. 教师组织学生进行试验并做好记录。

6. 教师组织小组记录员分享本组结论。

7. 教师小结：圆柱的承受能力最强，其次是六棱柱，接着是长方体，最后是三棱柱。

8. 教师介绍任务及规则：纸柱排列实验。

（1）请小组互换手中的纸柱，每个小组都得到 4 个同一种类型的纸柱，如：1 组拿到 4 个圆柱体、2 组拿到 4 个长方体、3 小组拿到 4 个六棱柱、4 组拿到 4 个三棱柱等。

（2）请各小组试试手中的纸柱是否能够紧密排列。

9. 教师组织小组代表分享结论。

10. 教师总结。

（1）三棱柱、长方体和六棱柱可以紧密排列，圆柱体不行，也就说带边的形状可以紧密排列。综合两轮小实验，六棱柱形的蜂房同时具备承重能力比较大且能紧密排列的优点。

（2）蜂房的这种六边形结构并不是偶然，而是通过自然选择进化后的最优结构，不仅具有很强的结构稳定性（承压力），而且能够使用最少的材料获得最大的空间。同学们感受到蜂房的奇妙了吗？

### 环节四：蜂巢智慧启示录（5分钟）

**（一）目标**

通过观看图片，学生感受人类对蜂巢中蕴藏智慧的借鉴。

**（二）步骤**

1. 教师引入：人类在生产生活中借鉴了蜂巢的哪些智慧呢？我们一起来看看。

2. 教师出示：人类借鉴蜂巢智慧范例的图片。

3. 思考与互动：你从图片中看到了什么？日常生活中见到蜂巢，应如何处理？

4. 教师总结：蜂巢中蕴藏的智慧给人类提供了很多启示。但是，蜜蜂有着一定的危险性，我们在日常生活中见到蜂巢时，需要做到远观、不触碰。如有危险，要第一时间求助老师和家长哦！

### 环节五：本节课总结（5分钟）

1. 教师总结今日所学。

2. 教师布置作业：完成“探索手册”。

## 六、参考板书

今日主题：小蜂房结构巧　　　　日　期：　年　月　日

蜂巢

选址：树上、山洞、屋檐、窗户……

材料：蜂蜡

功能：储藏食物、养育幼虫……

结构：正六边形（排列紧密，节省材料，抗压）

# 第4课 蜘蛛网智慧多（2课时）

## 一、教学目标

1. 通过观察、看视频、阅读等形式，学生能说出蜘蛛网结构、选址、材料等方面的特点，感受其中的智慧。

2. 通过观看视频，各小组合理分工，能完成编织“蜘蛛网”的任务。

3. 通过拓展阅读，学生能了解人类对蜘蛛网智慧的借鉴。

## 二、教学重难点

1. 教学重点：学生能说出蜘蛛网选址、形状、结构、材料和功能特点。

2. 教学难点：小组有序开展活动，编织出较为美观的“蜘蛛网”。

## 三. 教学建议

1. 教师需提前准备好课上所需材料，课前自己尝试编织一个“蜘蛛网”带到课上辅助教学。

2. 教师播放手工编织蛛网视频，请学生熟悉编织步骤。

## 四、教学准备

1. 材料：剪刀，每组 1 把；小树枝，每组 4 根；用于捏蜘蛛模型的细麻绳、彩泥，每组 1 份。

2. 视频：《蜘蛛是如何织网的，一分钟带你看蜘蛛整个织网过程》《手工麻绳编蛛网》[1]。

---

1 网络搜索关键词可获得。

## 五、教学内容

本次课共 5 个环节，分别是“上节课回顾”“探秘蛛网小细丝”“我学蜘蛛编蛛网”“蛛网智慧启示录”“本节课总结”，课程时长 80 分钟（2 课时）。

### 环节一：上节课回顾（5分钟）

1. 齐诵《乡土开课辞》。

2. 教师组织学生回顾课堂约定。

3. 教师组织学生回顾上节课主要内容。

### 环节二：探秘蛛网小细丝（35分钟）

#### （一）目标

通过观察图片、观看视频、阅读材料等形式，学生认识蜘蛛网的选址、形状、结构、材料和功能，了解蜘蛛网的智慧。

#### （二）步骤

1. 教师引入：我们今天这次课要学的居所是谁的呢？来猜一猜。

2. 教师出示谜语。

吐出细银丝，织成天罗网；摆下八卦阵，专捉飞来将。

——蜘蛛

3. 思考与互动：你猜到谜底是什么动物了吗？你知道它住在哪里吗？

4. 教师小结：蜘蛛的居所。

【参考】蜘蛛种类繁多，居住场所和居所环境因其种类和生活方式的不同而有所差异。一些蜘蛛是定居型，它们或结网、或挖穴、或筑巢作为固定住所；还有些蜘蛛属于游猎型，它们到处游猎、捕食，居无定所，我们经常能在房檐、窗户上、水稻上、树林中见到蜘蛛网。

5. 思考与互动：你观察过蜘蛛网吗？它有什么特点？

6. 教师介绍任务及规则：我会观察和提问。

（1）请仔细观察“探索手册”中蜘蛛网的图片，并记录你的发现，提出感兴趣的问题。

（2）音量不超过“1”，时长 5 分钟。

7. 教师介绍任务及规则：组内交流。

（1）在组长的组织下，分享自己的发现和感兴趣的问题。

（2）音量为“2”，时长 8 分钟。

（3）遵守合作学习约定：“轮流发言”“做好记录”。

| 轮流发言 | |
|---|---|
| 该怎么做？ | 该怎么说？ |
| ①按组长指定的顺序，每个人依次发言<br>②听上一个同学说完，再开始分享 | 组长：轮到你发言了<br>成员：我发现蜘蛛网……我很好奇…… |
| **做好记录** | |
| 该怎么做？ | 该怎么说？ |
| ①记录员记录关键词和主要内容<br>②重复的内容只记录一次 | 组长：请你负责记录，可以吗？<br>记录员：我们组的结论是…… |

8. 教师组织学生组内交流。

9. 教师组织各组代表分享本组结论。

【教师引导参考】

①外观：大多数是白色的；有的是圆形，有的是漏斗形，有的是不规则形状等。

②结构：有的是螺旋形结构，有的具有对称性，一般是从中心向外辐射。

③材料：由许多具有粘性的细丝组成的，这些细丝的直径大约只有人头发的1/10。

④功能：蛛网能够捕捉昆虫。

10. 教师总结：同学们能从图片中总结出这么多内容，观察得非常细致。同学们提出的有趣问题，通过接下来的学习，看是否能够解答。

11. 思考与互动。

（1）你知道蜘蛛结网的丝是从哪里来的吗？

（2）你知道蜘蛛是如何织网的吗？

（3）你知道蛛网纵线和横线的区别吗？

（4）你知道蛛网是如何捕捉猎物的吗？

12. 教师组织学生阅读“探索手册”中的资料：《蜘蛛网的秘密》。

13. 教师播放视频：《蜘蛛是如何织网的，一分钟带你看蜘蛛织网过程》。

14. 思考与互动。

（1）通过阅读资料和观看视频，你找到前面几个问题的答案了吗？

（2）请用自己的话说一说，你对“蜘蛛网智慧多”的理解。

【教师引导参考】

①蜘蛛丝从哪里来：蜘蛛肚皮后边的6个小孔，叫喷丝孔。

②蜘蛛是如何织网的：先吐出细丝，随风荡到屋檐或树面上，将丝牢牢粘住，搭出1个网架，再从中心向四周拉出一根根纵线作为骨架，最后沿着骨架形成一圈圈横线。

## 环节三：我学蜘蛛编蛛网（25分钟）

### （一）目标

学生尝试运用竖、横、斜线的连接和紧密排列，体会编织蛛网的乐趣，提升合作能力和动手能力。

### （二）步骤

1. 教师引入：蜘蛛网智慧多，接下来，我们也学习蜘蛛编织蛛网吧！

2. 教师介绍任务及规则：我学蜘蛛编蛛网。

（1）在组长的组织下，三人为一个小组编蛛网，可以使用彩泥捏一两只蜘蛛放在编织好的网上。

（2）音量为“2”，时长 20 分钟。

（3）遵守合作学习约定：“分工明确”。

| 分工明确 | |
|---|---|
| 该怎么做？ | 该怎么说？ |
| ①互相合作<br>②听取组长的建议 | 组员：组长，我想和……一个小组<br>组长：你们三人为一组 |

3. 教师播放视频：《手工编织蛛网》。

4. 教师组织小组完成任务。

（1）教师请学生说一说编织步骤。

（2）教师分发材料。

（3）小组编织“蛛网”。

5. 教师组织学生将作品集中摆放展示。

【提示】邀请学生评价“蛛网”作品是否美观，纵线和横线的分布是否均匀等。

## 环节四：蛛网智慧启示录（10分钟）

### （一）目标

通过阅读材料，学生了解人类在哪些方面借鉴了蜘蛛网的智慧。

### （二）步骤

1. 教师引入：你知道人类的生产生活中有哪些东西借鉴了蜘蛛网的智慧吗？

2. 教师组织学生阅读“探索手册”对应内容。

3. 教师总结：蜘蛛网在科学和工程领域有着巨大的潜力，未来可能会有更多创新的应用出现。

## 环节五：本节课总结（5分钟）

1. 教师总结今日所学。

2. 教师布置作业：完成“探索手册”。

## 六、参考板书

今日主题：蜘蛛网智慧多　　日　期：　年　月　日

蜘蛛网

选址：树木、建筑物边缘、篱笆等高处

外观：圆形、漏斗形、不规则形状等

材料：蛛丝

结构：从中心向外辐射

功能：捕食、栖息、繁殖……

# 第5课 蜗牛壳作用大（2课时）

## 一、教学目标

1. 通过观察和阅读，学生能说出蜗牛壳的特点和作用。

2. 通过观察、参考示范画，学生发挥想象力，能独立完成“创意蜗牛居”的主题画作。

3. 通过观察图片，学生能了解人类在哪些方面借鉴了蜗牛壳的智慧。

## 二、教学重难点

1. 教学重点：学生学习蜗牛壳的特点和作用。

2. 教学难点：学生能发挥想象力，创作一幅“蜗牛居”创意画。

## 三、教学建议

1. 教师可提前了解是否有学生害怕蜗牛，以便准备示范材料。

2. 教师如果会画，可以带着学生一起画。

3. 教师给学生一些示范画参考。

## 四、教学准备

1. 材料：蜗牛或蜗牛壳，每组 1 ~ 3 个，也可请学生自行带至课堂。

2. 示范画：以“蜗牛壳”为主题的创意画[1]。

3. 图片：以“建筑中的蜗牛壳智慧”为主题的图片[2]。

---

1 网络搜索“蜗牛壳 创意画”等关键词可获得。

2 网络搜索“蜗牛壳 智慧”等关键词可获得。

## 五、教学内容

本次课共5个环节，分别是“上节课回顾”“蜗牛壳特点浅探究”“设计创意蜗牛居”“蜗牛壳智慧启示录”“本节课总结”，课程时长80分钟（2课时）。

### 环节一：上节课回顾（5分钟）

1. 齐诵《乡土开课辞》。

2. 教师组织学生回顾课堂约定。

3. 教师组织学生回顾上节课主要内容。

### 环节二：蜗牛壳特点浅探究（35分钟）

**（一）目标**

通过观察和阅读，学生能说出蜗牛壳的外观、结构、材料、功能。

**（二）步骤**

1. 教师引入：今天要探究的动物居所比较特殊，猜一猜是哪种动物呢？

2. 教师出示谜语。

名字叫做牛，不会拉犁头；说它力气小，背着房子走。

——蜗牛

3. 教师小结：我们今天要学习的就是蜗牛的房子，即蜗牛壳，也是蜗牛的家。

4. 思考与互动。

（1）你在哪里见过蜗牛？你知道它们生活在什么地方吗？

（2）你一般在什么时候见到蜗牛？

5. 教师小结：蜗牛生活在阴暗潮湿、植被丰富、比较隐蔽的地方。在雨天，我们更容易在户外观察到蜗牛。

6. 教师介绍任务及规则：我会观察和提问。

（1）在组长组织下，有序观察蜗牛壳，可以看一看，轻轻地摸一摸。

（2）记录观察发现，提出感兴趣的关于蜗牛壳的问题，比如：蜗牛壳为什么比较坚硬？

（3）音量为“2”，时长10分钟。

（4）遵守合作学习约定：“轮流发言”“做好记录”。

| 轮流发言 | |
|---|---|
| 该怎么做？ | 该怎么说？ |
| ①按组长指定的顺序，每个人依次发言<br>②听一个同学说完，再开始分享 | 组长：轮到你发言了<br>成员：我发现蜗牛壳……我很好奇…… |

（续表）

| 做好记录 | |
|---|---|
| 该怎么做？ | 该怎么说？ |
| ①记录员记录关键词和主要内容<br>②重复的内容只记录一次 | 组长：请你负责记录，可以吗？<br>记录员：我们组的结论是…… |

7. 教师组织资料员领取蜗牛或蜗牛壳。

8. 教师组织学生组内交流。

9. 教师组织各组记录员分享本组结论。

10. 教师小结：蜗牛壳的特点。

（1）蜗牛壳是螺旋形状的，这是蜗牛壳最显著的特征之一。旋转的方向一般是顺时针方向。

（2）蜗牛壳的颜色可能因种类和环境而异，有的是淡黄色，有的是深棕色，有的是彩色。

（3）蜗牛壳比较坚硬，有的蜗牛壳摸上去比较粗糙。

【提示】教师根据同学们的实际观察对蜗牛壳的外观、结构进行总结。

11. 思考与互动。

（1）你知道蜗牛壳的作用吗？

（2）如果蜗牛壳破了，还能修复吗？

（3）你知道构成蜗牛壳的主要材料是什么吗？

12. 教师组织学生阅读并完成“探索手册”中对应内容的填写。

13. 思考与互动。

（1）通过阅读学习，你知道了什么？

（2）请用自己的话说一说“蜗牛壳作用大”是什么意思。

14. 教师总结：螺旋形的蜗牛壳不仅坚硬，能保护蜗牛柔软的身体，并抵御寒冷和风雨，还能保持身体的湿润。

### 环节三：设计创意蜗牛居（30分钟）

#### （一）目标

学生能结合观察，大胆想象，运用线条、色彩、形状等元素创作一幅“蜗牛居”创意画。

#### （二）步骤

1. 教师引入：我们刚才探索了蜗牛壳的作用，现在，让我们发挥想象力，把对蜗牛壳的了解转化为创造力。

2. 教师介绍任务及规则：设计创意蜗牛居。

（1）想象一下，如果你是一只蜗牛，你希望你的房子看起来是怎样的？它会有怎样的颜色、图案和形状？

（2）以个人为单位，创作一幅“蜗牛居”创意画。

（3）音量为“1”，时长20分钟。

3. 教师出示：创意蜗牛居示范画。

【教师引导参考】

①观察引导：你看到了什么？有哪些线条、图形？你打算怎么设计？

②绘画参考：先用铅笔在画纸张上打草稿，画上蜗牛、房子、背景等；用黑色的水彩笔在草稿上勾边；用简单的线条或图形元素装饰蜗牛壳；最后上色。

4. 教师组织学生创作。

5. 教师组织学生代表分享自己的画作。

【提示】如果班级人数多，也可以采用小组内请个别代表分享展示的方式。

6. 思考与互动：同学们设计的蜗牛壳丰富多样，请想一想，拥有这样居所的蜗牛适合生活在什么地方呢？

7. 教师总结：蜗牛壳的外观、色彩与它生活的环境有很大关系，是蜗牛适应环境的结果。

### 环节四：蜗牛壳智慧启示录（5分钟）

**（一）目标**

通过观看图片，学生了解人类建筑从蜗牛壳的螺旋结构中汲取的智慧。

**（二）步骤**

1. 教师引入：在日常生活中，有哪些物品或者建筑借鉴了蜗牛壳的智慧呢？

2. 教师出示：以“建筑中的蜗牛智慧”为主题的图片。

3. 思考与互动：你看到了什么？

4. 教师总结：人类在许多建筑中借鉴了蜗牛壳的螺旋形状智慧，如螺旋梯、螺旋塔、影院建筑等。

### 环节五：本节课总结（5分钟）

1. 教师总结今日所学。

2. 教师布置作业：完成“探索手册”。

## 六、参考板书

今日主题：蜗牛壳作用大　　　　日　期：　　年　月　日

**蜗牛壳**

外观：一般为螺旋形，颜色可能因种类和环境而异

材料：碳酸钙

结构：螺旋生长

功能：保护身体、保持身体湿润……

# 第6课 | 蚂蚁穴奥秘深（2课时）

## 一、教学目标

1. 通过观察、小组讨论、阅读和观看视频，学生能说出蚂蚁巢穴的选址、结构特点、功能，感受蚁穴的智慧。

2. 通过参考示范作品，结合所学，各小组能合理分工，完成制作“蚂蚁地下宫殿”模型的任务。

3. 通过拓展阅读，学生能认识人类在建筑设计中对蚂蚁穴功能的借鉴。

## 二、教学重难点

1. 教学重点：学生学习蚂蚁巢穴的特点。

2. 教学难点：小组制作蚂蚁地下宫殿的模型。

## 三、 教学建议

1. 教师给予详细的创作步骤指导。

2. 教师给出参考示范作品。

## 四、教学准备

1. 视频：《蚂蚁穴的秘密》《秒懂百科〈土耳其卡帕多奇亚地下城〉》[1]。

2. 工具：A3硬卡纸、硬纸板、KT板，三者选其一，用作模型底座，每组1份；彩笔，每组1～2盒；彩泥（黑色、棕色、白色），每组1～2套；细铁丝或干草，用作蚂蚁的组和触角，每组若干；剪刀，每组1把；双面胶或胶水，每组1～2份。

1 网络搜索关键词可获得。

## 五、教学内容

本次课共5个环节，分别是“上节课回顾”“蚁穴奥秘浅探究”“蚁穴模型共创作”“蚁穴智慧启示录”“本节课总结”，课程时长80分钟（2课时）。

### 环节一：上节课回顾（5分钟）

1. 齐诵《乡土开课辞》。

2. 教师组织学生回顾课堂约定。

3. 教师组织学生回顾上节课主要内容。

### 环节二：蚁穴奥秘浅探究（35分钟）

**（一）目标**

通过观察、阅读、看视频等形式，学生能说出蚁穴的选址、结构、功能。

**（二）步骤**

1. 教师引入：今天，我们要探究谁的居所呢？大家根据谜语来猜一猜。

2. 教师出示谜语。

身小力不小，团结又勤劳，有时搬粮食，有时挖地道。

排队地上跑，身体细又小，做事最勤劳，纪律第一好。

——蚂蚁

3. 教师小结：我们今天学习蚂蚁的居所。蚂蚁的居所叫做穴，简称为蚁穴。

4. 思考与互动：你观察过蚁穴吗？有什么发现？

5. 教师介绍任务及规则：我会提问题。

（1）关于蚁穴，提出自己感兴趣的问题。

（2）记录在“探索手册”上。

（3）音量为“0”，时长5分钟。

6. 教师组织学生个人完成任务。

7. 教师介绍任务及规则：组内交流。

（1）在组长的组织下，分享感兴趣的问题。

（2）音量为“2”，时长6分钟。

（3）遵守合作学习约定：“紧扣主题”“做好记录”。

| 紧扣主题 | |
|---|---|
| 该怎么做？ | 该怎么说？ |
| ①说话不离题<br>②表述清楚 | 关于蚁穴，我比较好奇…… |

（续表）

| 做好记录 | |
|---|---|
| 该怎么做? | 该怎么说? |
| ①记录员记录关键词和主要内容<br>②重复的内容只记录一次 | 组长：请你负责记录，可以吗?<br>记录员：我们组的结论是…… |

8. 教师组织学生组内交流。

9. 教师组织学生阅读“探索手册”中的文章《蚁穴的特点》。

10. 教师播放视频：《蚂蚁穴的秘密》。

11. 思考与互动。

（1）请结合资料和视频，说说你的发现。

（2）请用自己的话说一说“蚂蚁穴奥秘深”是什么意思。

（3）为什么有人把蚁穴称为“地下宫殿”？

【提示】学生结合资料、视频、日常经验回答，言之成理即可。

12. 教师总结。

（1）蚁穴在地下的规模非常庞大，有些蚁穴可以覆盖数百平方米，甚至更广，也有的蚁穴可能延伸到地下几米深。

（2）蚁穴的结构非常复杂，由一系列相互连接的隧道和房间组成。

（3）蚁穴的功能也非常强大。其中的通风系统，不仅能保证蚁穴的换气，还能调节内部温度，冬暖夏凉；蚁穴复杂的结构也有一定的防御捕食者的作用；而且，蚁穴内部的房间也各自有着不同的功能，如育儿室、储藏室等。

（4）因为这些复杂的结构和强大的功能，蚁穴被称为“地下宫殿”。

【提示】教师可根据学生的回答从蚁穴的选址、结构、功能几个方面来做总结。

### 环节三：蚁穴模型共创作（30分钟）

#### （一）目标

小组分工合作，结合前面所学内容，制作蚂蚁地下宫殿模型，提升合作能力和动手实践能力。

#### （二）步骤

1. 教师引入：蚂蚁穴真奇妙，就让我们向蚂蚁学习，与小组成员合作、分工制作模型，呈现蚂蚁地下宫殿的全貌吧！

2. 教师介绍任务及规则：共创蚂蚁地下宫殿。

（1）小组一起合作制作蚁穴模型。

（2）模型要体现出蚁穴的结构和各种功能区。

①在底座上绘制蚂蚁穴（划分出各种功能区）。

②用超轻粘土等材料，捏出不同的蚂蚁、蚂蚁卵等，放在相应位置（用胶水或双面胶粘牢）。

（3）音量为“2”，时长 30 分钟。

（4）遵守合作学习约定：“分工明确”。

| 分工明确 | |
|---|---|
| 该怎么做？ | 该怎么说？ |
| ①组长组织分工，让每个人都有任务<br>②每个人努力完成自己的分工 | 组员：我可以做……<br>组长：请你负责……可以吗？ |

3. 教师出示：蚁穴模型示范作品。

4. 教师组织小组讨论分工。

5. 教师组织资料员领取材料。

6. 教师组织小组合作制作蚂蚁地下宫殿模型。

7. 若时间允许，教师组织小组展示成果。

## 环节四：蚁穴智慧启示录（5分钟）

### （一）目标

通过看视频，学生了解人类建筑对蚂蚁穴的借鉴。

### （二）步骤

1. 思考与互动：你知道人类历史上有哪些类似蚁穴功能的工程吗？

2. 教师播放视频：《秒懂百科〈土耳其卡帕多奇亚地下城〉》。

3. 教师总结：土耳其卡帕多奇亚地下城与蚁穴在功能和结构上存在许多相似之处。无论是人类的智慧结晶——地下城，还是蚂蚁本能的杰作——蚁穴，它们都展现了惊人的创造力和了不起的智慧。

## 环节五：本节课总结（5分钟）

1. 教师总结今日所学。

2. 教师布置作业：完成“探索手册”。

## 六、参考板书

| | |
|---|---|
| 今日主题：蚂蚁穴奥秘深 | 日　期：　年　月　日 |

蚂蚁穴

选址：地下、深度深、范围广

结构：复杂

功能：温度控制、换气、防御

# 第7课 山居智慧小记（2课时）

## 一、教学目标

1. 通过教师引导，学生能自主梳理、绘制至少包含四级主题的单元思维导图，梳理本单元所学。

2. 通过前期学习，学生能创作一篇 200 字、以“山居智慧小记”为题的作文。

3. 通过填写“我的单元成长档案”，学生能对自己和同组伙伴的学习表现进行评价和反思，总结自己和小组伙伴的成长变化。

## 二、教学重难点

1. 教学重点：学生创作以“山居智慧小记”为题的作文 1 篇。

2. 教学难点：学生能绘制符合要求、内容具体、层次清晰的思维导图。

## 三、 教学建议

在绘制前，教师引导学生先学习或复习绘制思维导图的方法，再独立完成绘制。同时，教师鼓励学生根据自己的知识分类方法绘制思维导图。

## 四、教学准备

工具：彩笔，每组 1 ~ 2 盒。

## 五、教学内容

本次课共 4 个环节，分别是“上节课回顾”“创作单元思维导图”“山居智慧小记”“我的单元成长档案”，课程时长 80 分钟（2 课时）。

## 环节一：上节课回顾（5分钟）

1. 齐诵《乡土开课辞》。

2. 教师组织学生回顾课堂约定。

3. 教师组织学生回顾上节课主要内容。

## 环节二：创作单元思维导图（35分钟）

### （一）目标

学生能按要求独立绘制单元思维导图，回顾本单元内容。

### （二）步骤

1. 教师引入：本单元的学习已接近尾声，今天我们将使用思维导图来整理回顾本单元所学的内容。

【提示】如果是第一次使用思维导图，教师需加上思维导图的定义说明："思维导图是一种用于组织和展示信息的图形工具，它能帮助人们以视觉化的方式理解和记忆。"

2. 教师介绍任务及规则：我会画思维导图。

（1）围绕本单元主题绘制单元思维导图。

（2）思维导图至少包含四级主题内容，要尽可能详细、图文并茂。

（3）音量为"1"，时长15分钟。

3. 教师介绍思维导图的画法。

（1）思维导图的核心处有一个中心主题，可以使用圆圈或方框将其围绕，也就是一级主题。

（2）从中心主题延伸出主要分支，每条分支上写上关键词或短语，形成二级主题。

（3）在每条分支下，又有若干分支，依然使用关键词或者短语，形成三级主题。

（4）每个三级主题下可继续延伸出分支，依然使用关键词或者短语，形成四级主题。

（5）根据内容需要，继续添加分支，直到思维导图完整、清晰。

【提示】由中心主题延伸出来的主分支到分支再到子分支，线条由粗到细；每条主分支、分支和子分支颜色相同，但与其他主分支颜色不同；可以采用图文结合的方式。

4. 思考与互动。

（1）我们要绘制的单元思维导图的中心主题是什么？（单元主题）

（2）中心主题延伸出的每条分支，即二级主题可以是什么？（课堂主题或者居所的探究维度：选址、外观、材料、结构、功能）

（3）三级主题可以写什么？（每次课具体的活动或每种动物的名字）

（4）四级主题可以写什么呢？（每个活动的具体内容或每个探究主题下对应动物的相关内容）

5. 教师组织学生绘制思维导图。

【提示】内容与形式可参考课件中的单元思维导图。

6. 教师出示：单元思维导图示范图。

### 环节三：山居智慧小记（20分钟）

#### （一）目标

学生结合所学、创作经验及感受，写 1 篇“山居智慧小记”的作文。

#### （二）步骤

1. 教师引入：本单元所认识的动物居所，选址、外观、材料、结构、功能等方面都蕴含着巨大的智慧，接下来，我们将用文字写一写你对这些智慧的理解、想法与感受。

2. 教师介绍任务及规则：山居智慧小记。

结合单元所学，写一写你对“山居智慧小记”这一主题的理解，以及对本单元所学内容的理解、感受和想法，200 字左右。

3. 教师组织学生写作。

4. 教师组织个别代表分享。

5. 教师总结：在建造居所方面，动物们展现了多种多样的智慧，这些智慧给了人类很多宝贵的启发。

### 环节四：我的单元成长档案（20分钟）

#### （一）目标

学生能有序填写“我的单元成长档案”，完成自我评价和小组互评。

#### （二）步骤

1. 教师引入：这个单元的学习到这里就结束了，我们表现得怎么样呢？接下来一起来给自己和小组成员评一评吧！

2. 教师介绍“我的单元成长档案”。

（1）小组互评：小组成员互相进行评价。

（2）自我评价：由学生对自己的表现进行评价。

（3）教师评价：教师对学生表现进行评价。

3. 教师组织学生完成“探索手册”中“我的单元成长档案”填写。

（1）小组互评

填写方式：学生在表格上方填写“我的姓名、我的分工”；按左手方向传递“探索手册”，依次轮流进行互评；完全做到填“○”，没有做到填“？”，部分做到填“△”；拿回自己的“探索手册”后，找一找自己做得好的、有待改进的分别是哪几条。

小组讨论：本单元，我们小组做得好的、需要改进的分别是什么？

小组代表汇报本组讨论结果：经过讨论，我们认为小组做得好的是……可以做得更好的是……

教师对小组的合作学习情况进行总结性点评。

（2）自我评价：学生自行阅读自我评价表并写下相应的分数。

（3）教师评价：教师可在课后收回“探索手册”进行评价。

填写方式：在“教师评价”的方框内画上符号（打勾、画星星或表情、盖印章等），并在下方横线处填写评语。

【提示】教师巡场计时，观察学生小组互评进度与合作情况，适时适度介入；对学生做得好的地方进行具体鼓励，并明确指出可以做得更好的地方（不宜太多，可以挑选1～2条作为重点改进目标）。考虑到课程时长，教师可以找另外的时间带学生完成“我的单元成长档案”。

## 六、参考板书

今日主题：山居智慧小记　　　　　日　期：　　年　　月　　日

山中居所藏智慧：选址　外观　材料　结构　功能

## 七、思维导图内容框架

本思维导图仅展示了单元内容框架，教师带领学生绘制思维导图时，可参考电子课件中的思维导图范例。

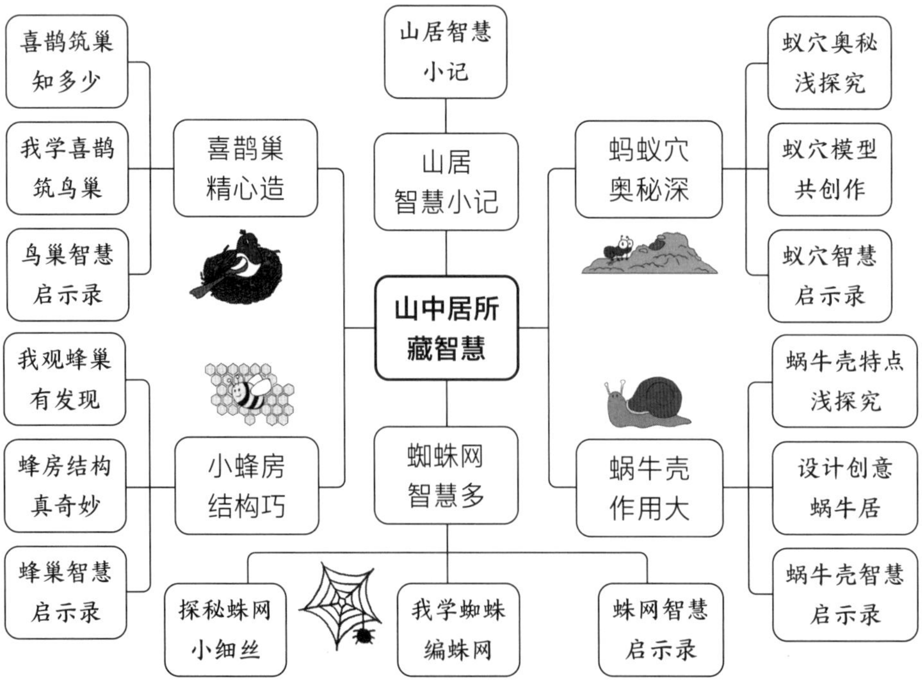

# 第三单元
# 绘制山居全景画

## 一、单元设计思路

“绘制山居全景画”属于“山中百居”主题上学期的第三个单元。本单元，学生将前面所学的各式动物居所以全景画的形式呈现，并在欣赏他人的作品中，初步感受山中动物居所多样的美好，思考生物与环境多样性的生态和谐问题，也为最后一个单元作铺垫。

## 二、单元跨学科设计

本单元涉及美术、道德与法治、语文三门学科。

## 三、单元目标

### 审美情趣

1. 结合所学和生活经验，学生能绘制一幅山居全景画。
2. 学生能从不同的角度欣赏，使用恰当的词语评价他人的作品。

## 四、单元课程目录

第 8 课　手绘山居全景画（2 课时）

## 五、相关概念

**全景画：**一种艺术形式，通常指一种能够提供比较广阔视角的绘画或展示方式。在本单元中，全景画的含义为学生将所学、所见的各式居所用绘画的形式呈现在大山背景中。

# 第8课 手绘山居全景画（2课时）

## 一、教学目标

1. 结合前期所学及生活经验，学生能创作一幅包含多种山中动物居所的全景绘画作品。

2. 通过教师示范，参考“探索手册”的提示，学生能从作品的色彩、线条、形象等角度使用恰当的词表达自己的感受与发现。

## 二、教学重难点

1. 教学重点：学生创作一幅带有多种动物居所的画。

2. 教学难点：学生能有秩序地欣赏他人的画作。

## 三、教学建议

1. 教师绘画指导。

（1）如果会画，教师可以带着学生一起画。

（2）教师按照绘画步骤进行指导。

（3）教师给出示范画参考。

2. 教师组织绘画作品的欣赏讨论会。

（1）教师将作品摆放在空旷位置，最好是围成一个圈，这样学生可以从不同的方向走动观看。

（2）如果现场秩序混乱，教师可以暂停活动，与同学们一起讨论存在的问题和解决措施后，再继续活动。

## 四、教学准备

1. 工具：彩笔，每组1～2盒。

2. 示范画：以“山中居所”为主题的儿童画示范[1]。

## 五、教学内容

本次课共4个环节，分别是“上节课回顾”“我绘各式山居”“山居全景画欣赏会”“本节课总结”，课程时长80分钟（2课时）

### 环节一：上节课回顾（5分钟）

1. 齐诵《乡土开课辞》。

2. 教师组织学生回顾课堂约定。

3. 教师组织学生回顾上节课主要内容。

### 环节二：我绘各式山居（35分钟）

**（一）目标**

结合前期所学及生活经验，学生创作一幅带有多种山中动物居所的画。

**（二）步骤**

1. 教师引入：本学期，我们学习了多种山中动物居所，有树上的，还有地面、地下的，接下来我们将进入到第三单元“绘制山居全景画”的学习，通过绘画的形式将我们所学的这些居所都呈现出来。

2. 教师介绍任务及规则：我绘各式山居。

（1）创作一幅包括树上、地面和地下居所的山中动物居所全景画。

（2）表现出动物建造居所的智慧和多样性。

（3）音量为“1”，时长30分钟。

3. 教师介绍绘制流程。

（1）先在纸上用铅笔画曲线，勾勒出居所所在的背景——大山。

（2）想一想你在全景画中要体现哪些动物的居所？可以用铅笔画出地面与地下的分界线，然后用铅笔画出各种居所的轮廓，如果有树上的居所，把树的轮廓也勾画出来。

（3）等居所勾画完后，观察整体画面结构是否和谐并适当调整，留白比较多的地方还可以补充哪些内容，比如植物、太阳、田等内容。

（4）最后选择合适的颜色进行涂色，让全景画的色彩看起来丰富和谐。

4. 教师出示：以“山居全景画”为主题的儿童画示范。

5. 教师组织学生创作。

---

1　网络搜索关键词“地下　居所　儿童画”可获得。

### 环节三：山居全景画欣赏会（35分钟）

#### （一）目标

学生能有序欣赏作品，且能作出全面客观的评价。

#### （二）步骤

1. 教师介绍任务及规则：山居全景画欣赏会。

（1）有序走动起来，欣赏作品。

（2）重点从作品的色彩、线条、形象和居所丰富程度等角度欣赏他人作品。

（3）欣赏作品时音量为“1”。

2. 教师组织学生欣赏作品。

（1）邀请全体学生走动起来。

（2）参考“探索手册”中的词汇对作品进行点评，表达发现与感受。

【提示】可以将作品集中摆放在有足够空旷的位置，比如讲台或者教室中间，方便学生走起来观看。

3. 教师示范：我发现……同学的山居全景画，色彩使用对比强烈，很有视觉冲击力。

4. 教师组织学生代表进行点评。

5. 思考与互动：大家看完彼此的作品后，有什么感受？

【提示】学生言之成理即可，这里教师重点要引起学生思考：山中动物居所多样的画面很美好，各种动物都能在自己的居所里快乐地生活。

6. 教师总结：山中动物居所多样的画面很美好，希望各种动物都能居有其所，快乐地生活。

### 环节四：本节课总结（5分钟）

1. 教师总结今日所学。

2. 教师布置作业：完成“探索手册”。

## 六、参考板书

今日主题：手绘山居全景画　　日　期：　年　月　日

欣赏他人作品的角度：色彩、线条、形象、居所丰富程度等

# 第 四 单 元
# 守护动物共安居

## 一、单元设计思路

“守护动物共安居”是“山中百居”主题上学期的最后一个单元。通过小组讨论的形式，学生讨论与学习影响动物和动物居所数量的因素。贵州具有非常丰富的动物资源，在此基础上引导学生思考，作为小学生应该怎么做才能保护动物的多样性，为它们提供一个安全、适宜的生存环境，使他们能够与人类和谐共处。最后是绘制学期思维导图和完成“我的学期成长档案”。

## 二、单元跨学科设计

本单元主要涉及美术、科学、道德与法治、语文四门学科。

## 三、单元目标

### （一）沟通合作

学生在讨论中遵守“轮流发言”“做好记录”的合作学习约定，围绕主题任务有序开展讨论。

### （二）社会责任

学生能提出如何让动物安居的想法，愿意通过点滴的实际行动让动物居住环境更美好，保护动物和其居所的的多样性，让动物和人类和谐相处。

### （三）乐学善学

1. 学生能绘制至少包含四级主题的学期思维导图，通过思维导图总结本学期所学。

2. 通过“我的学期成长档案”进行自我评价和小组互评，学生能总结自己和小组伙伴的成长变化。

## 四、单元课程目录

第 9 课　守护动物共安居（2 课时）

# 第 9 课 守护动物共安居（2 课时）

## 一、教学目标

1. 通过教师引导，学生能绘制至少包含四级主题的学期思维导图，梳理、总结本学期所学。

2. 通过遵守“轮流发言”的合作学习约定，学生能围绕“动物居所”主题，有序开展讨论。

3. 通过教师引导，学生结合学习和生活经验，能提出如何让动物安居的 1 ~ 2 点想法，萌生保护动物和动物居所的意愿。

4. 通过使用“我的学期成长档案”，学生能对自己和同组伙伴的学习表现进行评价和反思，总结自己和小组的学期成长变化。

## 二、教学重难点

1. 教学重点：学生能说出保护动物和其居所的方法。

2. 教学难点：学生围绕“动物居所”相关主题，有序开展讨论。

## 三、教学建议

当学生对影响动物居所数量的因素没有概念以及不知道如何开展行动时，教师可以根据“探索手册”中的资料举例。

## 四、教学准备

工具：彩笔，每组 1 ~ 2 盒。

## 五、教学内容

本次课共 5 个环节，分别是“上节课回顾”“动物安居共讨论”“动物安居我行动”“创作学期思维导图”“我的学期成长档案”，课程时长 80 分钟（2 课时）。

### 环节一：上节课回顾（5分钟）

1. 齐诵《乡土开课辞》。

2. 教师组织学生回顾课堂约定。

3. 教师组织学生回顾上节课主要内容。

### 环节二：动物安居共讨论（25分钟）

**（一）目标**

学生在讨论中遵守“轮流发言”“做好记录”的合作学习约定，围绕主题任务有序开展讨论。

**（二）步骤**

1. 教师引入：同学们知道“安居乐业”是什么意思吗？是使人安定地生活，愉快地工作。这也从侧面说明了“居”对于人安定的重要性，动物也是一样，需要有一个相对稳定的居所和生活环境才能安定地生活。今天我们将进入“守护动物共安居”单元学习。

2. 思考与互动：我们如何让动物安居呢？

3. 教师组织学生阅读“探索手册”中资料。

4. 教师发布任务及规则：动物安居与何关。

（1）小组讨论：①动物及其居所数量和哪些因素有关；②为什么要保护动物和动物居所。

（2）音量为“2”，时长 15 分钟。

（3）遵守合作学习约定：“轮流发言”“做好记录”。

| 轮流发言 | |
|---|---|
| 该怎么做？ | 该怎么说？ |
| ①按组长指定的顺序，每个人依次发言<br>②听上一个同学说完，再开始分享 | ①轮到你发言了<br>②我认为动物的居所数量与食物丰富程度有关<br>③动物是食物链中的重要组成部分<br>④作为人类，我们有责任照顾好地球上的其他生物 |
| **做好记录** | |
| 该怎么做？ | 该怎么说？ |
| ①记录员记录关键词和主要内容<br>②重复的内容只记录一次 | 组长：请你负责记录，可以吗？<br>组员：我们组的结论是…… |

5. 教师组织小组讨论。

6. 教师组织记录员分享本组结论。

【提示】学生只要言之成理即可。

7. 教师总结。

（1）动物及其居所数量受很多因素影响，如食物是否丰富，地理环境是否适合，以及人类活动是否破坏了动物的生活环境。

（2）动物是地球自然生态不可或缺的一部分，保护动物及其居所，就是保护人类自身。另一方面，人类也会从动物身上获得很多启发，我们学习过很多人类借鉴动物居所智慧的例子。

### 环节三：动物安居我行动（10分钟）

#### （一）目标

学生能提出关于如何让动物安居的一两点想法，愿意通过实际行动让动物居所环境更美好，保护动物和其居所的丰富性。

#### （二）步骤

1. 教师组织阅读“探索手册”中的资料：贵州动物生存情况。

2. 思考与互动：想想你见过多少种动物？这么多动物，它们喜欢生活在什么样的地方？为了保护动物和其栖息地（居所环境），国家和政府在行动，作为小学生，我们可以做什么呢？

【教师引导参考】

①加强相关学习：学习有关动物和它们居所的知识；阅读有关动物和环境保护的书籍，了解保护它们的重要性，认识到人类活动对动物栖息地可能产生的影响；与家人和朋友分享所学知识。

②保护环境：节约用水和用电，减少浪费；实践垃圾分类，减少垃圾对环境的污染；参与学校或社区的植树活动，帮助恢复和保护自然环境。

③倡议宣传：在学校和村里宣传保护动物和栖息地的重要性；参与或发起倡议活动，比如写信给当地政府，提出保护动物及其生活环境的建议。

3. 教师总结：作为小学生，同学们仍然可以通过这么多方式参与到保护动物及其居所中来，为动物们提供一个安全、适宜的生活环境，使它们能够与人类和谐共处。

### 环节四：创作学期思维导图（20分钟）

#### （一）目标

学生能按要求独立绘制学期思维导图，回顾学期内容。

#### （二）步骤

1. 教师引入：本学期我们都学习了什么？接下来，我们将使用思维导图来整理回顾这一学期所学的内容。

2. 教师介绍任务及规则：思维导图我会画

（1）围绕学期主题绘制学期思维导图。

（2）思维导图至少包含四级主题内容，要尽可能详细、图文并茂。

（3）音量为“1”，时长 20 分钟。

3. 教师组织学生绘制学期思维导图[1]。

【提示】教师可以请学生尝试绘制五级主题的内容。具体可参考课件中的学期思维导图。

4. 教师出示：学期思维导图。

### 环节五：我的学期成长档案（20分钟）

#### （一）目标

学生能针对本学期的合作学习表现进行小组互评，尝试制订改进计划，并对自我表现进行评价，完成“我的学期成长档案”。

#### （二）步骤

1. 教师引入：本学期，我们完成了丰富有趣的知识学习。各小组也团结一致地完成了各种合作任务。在本学期的最后，想一想，你对自己的学习是否满意?

2. 教师组织学生填写“探索手册”中“我的学期成长档案”[2]。

3. 教师可结合实际情况，组织学生分享学期个人成长情况。

4. 教师组织各小组，遵守“轮流发言”的合作学习约定，在组内互相表达感谢。感谢这个学期，彼此之间的支持与帮助。

## 六、参考板书

今日主题：动物安居共守护　　日　期：　年　月　日

**动物安居：相对稳定的居所和良好的生活环境**

**动物及其居所数量影响因素：食物、地理环境、人类活动等**

**保护动物及其居所，人人有责**

1　思维导图的绘制方法，可参考“山居智慧小记”，本书第 42 页。

2　“我的学期成长档案”的填写方法，可参考“山居智慧小记”，本书第 43 页。

## 七、思维导图内容框架

本思维导图仅展示了学期内容框架，教师带领学生绘制思维导图时，可参考电子课件中的思维导图范例。

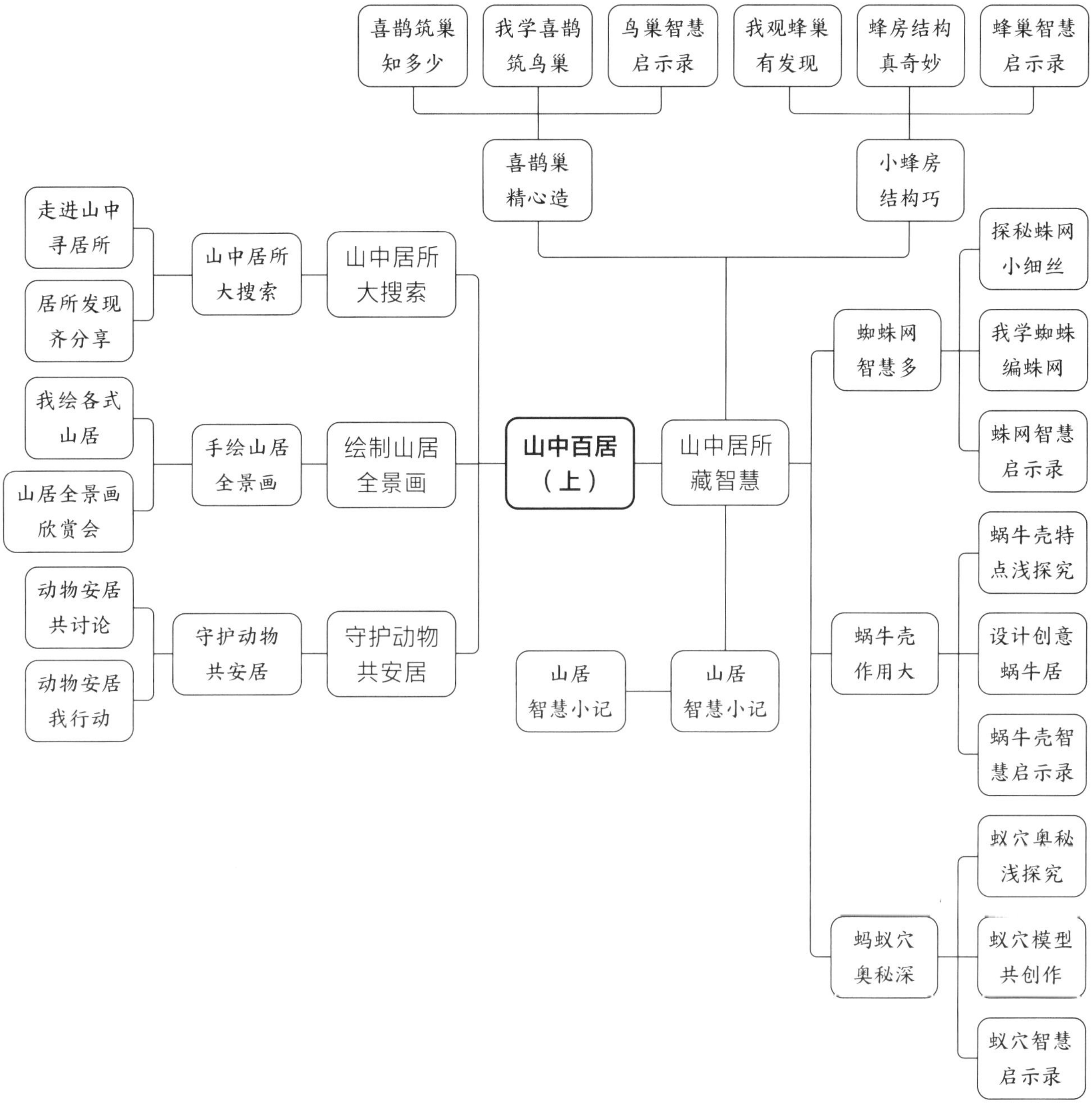

# 附录 1 ▌“山中百居”（上）教具清单

| 序号 | 对应课程 | 物品 | 单位 | 分配方式 | 使用说明 |
|---|---|---|---|---|---|
| 1 | 整个学期 | 《山中百居》（引导手册） | 本 | 1 本 / 师 | 备课 |
| 2 | | 《山中百居（上）》（探索手册） | 本 | 1 本 / 生 | 学生使用 |
| 3 | | 彩笔 | 盒 | 1 ~ 2 盒 / 组 | 绘画 / 手工 |
| 4 | | 胶棒 / 胶水 | 个 | 2 ~ 3 个 / 组 | 手工 |
| 5 | | 双面胶 | 卷 | 2 ~ 3 卷 / 组 | 手工 |
| 7 | | 剪刀 | 把 | 2 ~ 3 把 / 组 | 手工 |
| 8 | | 计时器 | 个 | 1 个 / 班 | 计时 |
| 9 | 第 2 课<br>喜鹊巢精心造 | 较为粗的树杈，长短不一的树枝、和好的泥巴、干草、羽毛、棉絮、干树叶 | 套 | 每组 1 套 | 搭建喜鹊巢工具 |
| 10 | 第 3 课<br>小蜂房结构巧 | A4 白纸 | 张 | 每组 4 张 | 用量视实际需求 |
| | | 窄胶带 | 卷 | 1 卷 / 组 | 手工 |
| 11 | 第 4 课<br>蜘蛛网智慧多 | 4 根小树枝、若干细麻绳 | 套 | 每组 1 套 | 搭建蜘蛛网工具 |
| 12 | 第 5 课<br>蜗牛壳作用大 | 蜗牛壳 / 蜗牛 | 个 | 每组 1 ~ 3 个 | 观察 |
| 13 | 第 4 课<br>蜘蛛网智慧多<br>第 6 课<br>蚂蚁穴奥秘深 | 彩泥 | 包 | 3 ~ 4 包 / 组 | 手工 |
| 14 | | 硬卡纸 / 硬纸板 /KT 版 | 份 | 每组 1 份 | 手工 |
| 15 | | 细钢丝 / 干草 | 套 | 每组 1 套 | 制作成蚂蚁的足和触角 |
| 17 | 建议采购《动物怎样盖房子》《地底下的动物》等绘本。 | | | | |

# 附录 2丨“山中百居”（上）学生学期评价量表

| 素养目标 | 评价标准 | | | |
| --- | --- | --- | --- | --- |
| | 非常出色 | 再接再厉 | 努力加油 | 还需改进 |
| 自信分享 | 能围绕既定主题准确、清晰、流畅地分享内容，且分享包括细节 | 能围绕既定主题较为准确、清晰、流畅地分享内容 | 能围绕既定主题较为流畅地分享内容 | 不能按照分享要求进行分享等 |
| 乡土认同 | 能够说出 4 种及以上所学山中居所的选址、用材、结构等特点以及蕴藏的智慧 | 能够说出 3 种所学山中居所的选址、用材、结构等特点以及蕴藏的智慧 | 在教师提醒下，能够说出所学山中居所的选址、用材、结构等特点以及蕴藏的智慧 | 说不出所学内容等 |
| 社会责任 | 能认识到动物居所的智慧有保护动物及其居所的积极意愿并采取了一定行动 | 能认识到动物居所的智慧，有保护动物居所的意愿，有采取行动的意愿 | 能认识到动物居所的智慧，有保护动物居所的意愿 | 对动物居所的智慧缺乏基本认识，未能表现出保护动物及其居所的积极意愿，也未采取任何实际行动等 |
| 勇于探究 | 1. 能在好奇心的驱使下，提出感兴趣、具体的问题<br>2. 针对既定问题或任务，能顺利地开展探究，且能用比较科学的词汇描述结果或发现 | 1. 能在好奇心的驱使下，提出感兴趣的问题<br>2. 针对既定问题或任务，开展探究，能用较为准确的词汇描述结果或发现 | 1. 能提出问题<br>2. 针对既定问题或任务，能参与探究任务 | 1. 不能提出问题或提不出问题<br>2. 消极对待探究活动，不愿意尝试等 |
| 实践创新 | 能使用各种材料搭建动物居所模型契合创作要求 | 能使用各种材料搭建动物居所模型较为形象或较为契合创作要求 | 能使用各种材料搭建动物居所模型 | 无法制作符合基本要求的作品等 |

（续表）

| 素养目标 | 评价标准 | | | |
|---|---|---|---|---|
| | 非常出色 | 再接再厉 | 努力加油 | 还需改进 |
| 乐学善学 | 1. 大多数情况下，都能参与课堂互动、小组讨论、自然观察、自主探究、艺术创作等活动<br>2. 能利用思维导图对所学内容进行梳理和总结，思维导图逻辑清晰、字迹工整，且至少包含四级主题内容<br>3. 能认真完成“我的成长档案”，能发现问题并及时调整改进 | 1. 能在半数以上的课堂中，参与课堂互动、小组讨论、自然观察、自主探究、艺术创作等活动<br>2. 能利用思维导图对所学内容进行梳理和总结，思维导图逻辑清晰或字迹工整，且至少包含四级主题<br>3. 能认真完成“我的成长档案”，具有发现问题、及时调整改进的意识 | 1. 在教师或者同伴帮助下，能参与课堂互动、小组讨论、自然观察、自主探究、艺术创作等活动<br>2. 能利用思维导图对所学内容进行梳理和总结<br>3. 在教师引导下，能完成“我的成长档案” | 1. 课堂活动不积极参与，经常开小差等<br>2. 不能利用思维导图对所学内容进行梳理和总结<br>3. 不能认真完成“我的成长档案” |
| 沟通合作 | 1. 能良好地运用合作学习约定<br>2. 能主动承担认真且良好地完成组内分工<br>3. 遇到困难时能按照求助顺序求助，并主动为他人提供力所能及的帮助 | 1. 大多数情况下，能较好地遵守运用合作学习约定<br>2. 大多数情况下，能完成组内分工<br>3. 遇到困难时能按照求助顺序求助，并主动为他人提供力所能及的帮助 | 1. 在教师或同伴提醒下，能遵守合作学习约定<br>2. 在教师或同伴提帮助下，能完成组内分工<br>3. 遇到困难时能按照求助顺序求助，并主动为他人提供力所能及的帮助 | 消极对待小组任务，不能遵守合作学习约定等 |
| 审美情趣 | 1. 能从色彩搭配、内容丰富程度等不同的角度欣赏，使用恰当的词语评价他人的作品<br>2. 能够在教师的指导下有序创作作品，创作符合主题，且线条流畅、色彩丰富有搭配、画面内容丰富、画作卷面干净（达成其中3点即可） | 1. 能从不同的角度欣赏和评价他人的作品<br>2. 能够在教师的指导下有序创作作品，创作符合主题，且线条流畅、色彩丰富有搭配、画面内容丰富、画作卷面干净（达成其中2点即可） | 1. 能欣赏和评价他人的作品<br>2. 能够在教师的指导下按照步骤有序完成作品创作，创作符合主题 | 1. 不能欣赏和评价他人的作品<br>2. 消极对待艺术创作活动，画面混乱，表现内容不清晰等 |

# 山中百居｜下

# 开学第一课
## （2 课时）

### 一、教学目标

1. 通过课堂活动，学生了解本学期乡土课的主题为“山中百居”，复习《乡土开课辞》、音量规则、分享规则。

2. 通过遵守“轮流发言”“举手表决”的合作学习约定，学生能顺利组建新学期小组，完成选组长、定分工、起组名。

3. 通过小组讨论，全班投票等形式，学生能制订 4 ～ 5 条具体、清晰的课堂约定。

### 二、教学重难点

1. 教学重点：学生能自主完成组建小组“三步曲”的任务。

2. 教学难点：各小组间能力水平相对均衡。

### 三、教学建议

1. 根据本班实际情况，教师确定小组数量，建议每个小组 4 ～ 6 人。

2. 结合本班实际学情，教师可调整分组方法，如提前确定分组名单，或指定组长，或直接指定各组成员。

3. 教师需提前将学生桌椅调整成小组形式[1]。

### 四、教学准备

1. 分组卡片：教师根据班级分组情况，在卡片上写上“巢”“穴”“窝”“房”“洞”“壳”等字，

1　参见《吾乡吾土指导纲要》（孔学堂书局 2025 年版）第五章内容。

每张卡片上写一个字，每个字拳头大小。

2. 动作设计：可由教师课前编排简单的《乡土开课辞》动作，也可由学生课上自主编创。

3. 其他材料：若干彩色纸条或便利贴。

## 五、教学内容

本次课共 4 个环节，分别是“走进乡土课”“我和新组员”“课堂新约定”“本节课总结”，课程时长 80 分钟（2 课时）。

### 环节一：走进乡土课（5分钟）

#### （一）目标

学生复习《乡土开课辞》以及课堂音量规则。

#### （二）步骤

1. 教师引入：欢迎来到新学期的乡土课！从今天开始，我们就踏上了新的乡土之旅啦，继续认识我们家乡那些人、事、物，同学们是不是很期待呢？

2. 思考与互动。

（1）上学期，我们都学习了什么内容？开展了哪些活动？

（2）在乡土课上，你认为自己在哪些方面有了提升？

（3）本学期，在乡土课上，你希望自己在哪些方面有所提升？

3. 教师组织学生在彩色纸条或便利贴上写下本学期希望成长的方面。

【提示】建议教师妥善保管这些纸条，待到学期末时再将它们拿出来，让学生对照看看是否达到了学期初设定的期望。

4. 思考与互动：今天是“开学第一课”，同学们还记得我们在这次课都要完成哪些事项吗？

5. 教师总结：在“开学第一课”，我们通常会进行一些常规活动，如熟悉《乡土开课辞》，成立新学期的小组，并重新选出组长，确定组名，确定每位组员的角色。我们还要重新确定新学期的课堂约定。

6. 师生诵读《乡土开课辞》。

【提示】教师可以询问同学们是否要重新编排《乡土开课辞》动作。

7. 思考与互动：为了让乡土课的学习更顺利，我们经常使用哪几种不同的音量？

8. 教师介绍音量规则。

### 环节二：我和新组员（35分钟）

#### （一）目标

通过“找朋友”的游戏，形成新学期小组；运用“举手表决”“轮流发言”的合作学习方式确定组长、组名以及小组分工。

### （二）步骤

1. 教师引入：本学期你期待和谁成为组员呢？接下来我们依然通过“找朋友”这个游戏，形成新的小组。同学们还记得游戏规则吗？

2. 教师介绍任务及规则：“找朋友”。

3. 教师组织开展“找朋友”的游戏。

（1）教师发放分组卡片。

（2）组织学生开展“找朋友”游戏。

（3）全体同学找到各自的小组后，教师宣布新的小组成立。

【提示】教师如果需要该游戏的详细指导建议，请参考本手册上册“开学第一课”此部分内容。教师也可以尝试用其他游戏让学生组成新的小组。

4. 思考与互动。

（1）大家还记得组长和组员的责任吗？

（2）组建小组“三步曲”包括哪三步？

5. 教师介绍组长和组员责任：组长是老师的小助手，负责协助老师和组员开展活动、维持纪律、帮助组员更好地完成任务；组员要配合组长一起完成小组任务。

6. 教师介绍任务及规则：组建小组“三步曲”（选组长、定分工、起组名）。

（1）以小组为单位，完成选组长、定分工、起组名。

（2）音量为“2”，时长 15 分钟。

（3）遵守合作学习约定：“轮流发言”“举手表决”。

| 轮流发言 | |
|---|---|
| 该怎么做？ | 该怎么说？ |
| ①按老师 / 组长指定的顺序，每个人依次发言<br>②听上一个同学说完，再开始分享 | ①我建议……做组长，因为……<br>②我推荐自己做组长，因为……<br>③我想做资料员 / 安全员，因为…… |
| **举手表决** | |
| 该怎么做？ | 该怎么说？ |
| 举手投票，少数服从多数 | 支持……的同学请举手 |

7. 教师组织小组完成任务。

8. 教师介绍任务及规则：小组亮相。

（1）从讲台一边上台，另一边下台。

（2）所有人站定一起鞠躬后说“大家好，我们是……组”。组长介绍自己“我是组长……”后，由组员依次介绍自己“我是组员……，我是组员……”。所有人介绍完毕后一起鞠躬后说“谢谢大家”。

（3）分享音量为“3”，听众音量为“0”。

（4）台下的同学听完台上小组的分享后，及时送上掌声。

9. 教师组织小组上台亮相。

【提示】教师引导台下同学注意倾听，并及时给予上台学生反馈，比如声音洪亮、吐字清楚、遵守规则等；若班级人数、小组数较多，视实际时间决定分享名额，无须所有小组上台分享。

10. 思考与互动：同学们知道我们这学期的主题是什么吗？

11. 教师总结：本学期主题依然为“山中百居”，我们继续探究山中居所。上学期，我们主要探究了小动物的居所，本学期我们主要探究人类的居所。

### 环节三：课堂新约定（35分钟）

**（一）目标**

学生讨论并确定本学期的课堂约定。

**（二）步骤**

1. 教师引入：上学期，我们从《山中百居（上）》（探索手册）中选定了课堂约定。本学期，我们尝试小组讨论制订课堂约定。大家可以从作业完成、小组合作、课堂参与、分享发言等方面提出课堂约定建议。最后全班表决确定。

2. 教师介绍任务及规则：制订课堂约定。

（1）组长带领组员讨论 4 ~ 5 条课堂约定。

（2）记录员做好记录，写在彩色纸条或便利贴上。

（3）讨论音量为“2”，时长 10 分钟。

（4）遵守合作学习约定：“轮流发言”“举手表决”。

| 轮流发言 | |
|---|---|
| 该怎么做？ | 该怎么说？ |
| 一次只有一个人发言<br>…… | 组员：①我认为课堂约定可以是……<br>②我建议……为课堂约定<br>组长：轮到你发言了 |
| **举手表决** | |
| 该怎么做？ | 该怎么说？ |
| 举手投票，少数服从多数 | ①我同意<br>②我不同意 |

3. 教师组织小组讨论。

4. 教师组织小组代表分享讨论结果。

（1） 教师做分享示范：经过讨论和投票，我们小组提出如下几条约定作为本学期课堂约定……

（2）小组代表分享。

（3）教师将各组提出的约定分类贴在黑板上。

5. 教师组织学生投票确定 4 ~ 5 条作为本学期的课堂约定。

【提示】教师可从学生提出的多条约定中确定适宜本班的课堂约定范围，组织学生从该范围内举手表决确定本学期的 4 ~ 5 条乡土课课堂约定。课堂约定确定后，教师需和全班学生一起明确每条约定的含义。

6. 教师组织学生把选定的课堂约定工工整整地抄写在“探索手册”上。

【提示】此时亦可让学生在“探索手册”上补充组长、组员、分工以及小组名称。

### 环节四：本节课总结（5分钟）

1. 教师总结今日所学。

2. 教师布置作业：完成“探索手册”。

## 六、参考板书

今日主题：开学第一课　　　　日　期：　年　月　日

乡土开课辞　音量规则　“找朋友”

选组长→定分工→起组名

小组初亮相

学期主题：山中百居

课堂新约定

# 第一单元
# 民居百貌大发现

## 一、单元设计思路

“民居百貌大发现”是“山中百居”主题下学期的第一个单元。

本单元以“山中民居有多少种样貌？”“山中民居的建筑风格有什么特色？”“这和当地自然环境有什么关系？”作为核心问题，学生将走入村庄观察有代表性的民居建筑，直观地感受当地民居的建筑特色，及其与自然环境、生活习惯的紧密关联，学习传统民居背后的建筑智慧，并通过对比不同地域的代表性民居建筑，探索民居建筑风格与自然环境的关系，感受民居建筑体现的人地和谐之美。最后，学生根据所学绘制创意民居。

## 二、单元跨学科设计

本单元涉及科学、美术、道德与法治、语文四门学科。

## 三、单元目标

### （一）勇于探究

1. 学生能在好奇心的驱使下，提出自己感兴趣的关于民居的问题。

2. 学生能在观察和对比中识别并描述本地民居的建筑特色，并结合资料推理分析民居建筑与当地自然环境的关系。

### （二）审美情趣

学生能结合观察和所学，用恰当的线条、形状、色彩表现传统民居的特色和人文之美。

### （三）沟通合作

1. 学生能在小组合作中遵守“轮流发言”“专注倾听”“做好记录”“达成共识”等合作学习约定。

2. 学生能在合作任务中完成自己的任务。

### （四）自信分享

学生能按照分享规则，主动分享观察、感受和创作成果、小组结论等内容。

### （五）乡土认同

学生能识别家乡民居建筑特色，并用自己的话解释家乡建筑特色与当地自然环境的关系，感受家乡人民因地制宜建造房屋的智慧。

### （六）乐学善学

1. 学生能积极参与小组讨论、户外观察、艺术创作、阅读等学习活动。

2. 学生能绘制至少包含四级主题的单元思维导图，总结本单元所学。

3. 学生能运用“我的单元成长档案”进行自我评价与小组互评，总结自己和小组伙伴的成长变化。

## 四、单元课程目录

第 1 课　走进山中观民居（2 课时）

第 2 课　传统民居有特色（2 课时）

第 3 课　民居特色创意绘（2 课时）

## 五、相关概念

**外立面：**一般指建筑中除屋顶外的所有外围部分。

**中国传统民居：**一些民居因其具有悠久历史、富有地方特色和民族特色，被称为传统民居，它们是中国建筑文化的重要组成部分，比如窑洞、北京四合院、贵州黔北民居、吊脚楼等。

**吊脚楼或半边楼：**前面看是楼，后面看是平房，一楼不住人，用来饲养牲畜或储存杂物，是苗族、布依族、侗族、土家族等少数民族特色民居。

# 第1课 走进山中观民居（2课时）

## 一、教学目标

1. 通过教师引导，学生掌握观察民居的角度和方法，能提出关于本地居民的问题。

2. 在户外活动中，学生能遵守户外课堂约定，有序完成民居观察任务。

3. 在户外观察中，通过教师引导，学生能认识贵州传统民居的选址、外形、布局等方面的特色。

## 二、教学重难点

1. 教学重点：学生观察并记录村中民居的特征，初步感受本地民居的建筑风格和特色。

2. 教学难点：学生有序开展户外观察活动，如实记录观察发现。

## 三、教学建议

1. 外出前，教师带领学生熟悉观察任务、记录方法、户外课堂约定、外出安全注意事项，再带出学校。

2. 户外活动时，教师应遵照先集中引导，再自由探索的顺序进行，在学生自由探索前，务必划定明确的活动范围。

3. 回到教室后，教师需对当次户外课堂约定遵守情况及时总结反馈。

4. 如教师开展校外教学存在困难，可用图片、影像资料代替，并请学生利用课后时间自主观察。

## 四、教学准备

1. 图片：本地特色民居的图片

2. 活动场地：教师应提前踩点，选择 1 ～ 2 个有代表性的观测区域（吊脚楼、新式民居、石头房子等均可，最好具有当地代表性）；观测区域应视野开阔、安全，应提前了解附近有没有狗。若要进入民居中观察，教师需提前联系民居主人，征得同意。

3. 教学支持：教师可邀请 1 名教师协助开展户外课堂。

## 五、教学内容

本次课共 5 个环节，分别是“上节课回顾”“民居观察角度多”“走进山中观民居”“分享我的观察发现”“本节课总结”，课程时长 80 分钟（2 课时）。

### 环节一：上节课回顾（5分钟）

1. 齐诵《乡土开课辞》。

2. 教师组织学生回顾课堂约定、户外课堂约定。

3. 教师组织学生回顾上节课主要内容。

### 环节二：民居观察角度多（35分钟）

#### （一）目标

通过教师的引导，学生能提出关于本地民居的问题，且能说出从哪些角度观察民居，为后续的外出观察做准备。

#### （二）步骤

1. 教师引入：上学期，我们主要探究了小动物的居所，本学期我们要探究人的居所，也叫做民居或住宅。今天，我们将正式进入“民居百貌大发现”单元的学习，一起来探究人类的居所和动物的居所有哪些不一样。

2. 思考与互动。

（1）民居和动物居所有什么不一样?

（2）关于本地的民居，你有什么好奇或想要深入了解的问题吗?

3. 教师组织学生将自己感兴趣的问题记录在“探索手册”上。

4. 思考与互动：你观察过我们这里的民居吗？本地民居有什么特色呢?

5. 教师出示：本地有特色的民居图片。

6. 思考与互动：可以从哪些角度观察民居呢?

7. 教师小结。

（1）由远而近看选址：建在坡上还是平地上?

（2）上空俯视看布局：这栋建筑从上空看会是什么样子的？它周边有什么?

（3）前后左右观察房子的外立面：这栋建筑的正面、背面、左右侧面是什么形状、色调？主要材料是什么？每个外立面上有什么?

（4）走进去观察内部布局和功能：这栋建筑内部是什么布局？不同空间（房间）承载着什么样的功能?

（5）看装饰：这栋建筑有哪些你觉得特别、有趣、漂亮的装饰？

8. 教师介绍“外立面”：物体和物体的外部空间直接接触的界面，通俗来说就是建筑物所有的外围、四周都叫做外立面。

9. 教师总结：原来，观察民居也有很多讲究。

## 环节三：走进山中观民居（20分钟）

### （一）目标

学生能遵守户外规则，参考“探索手册”提示，完成观察民居的任务。

### （二）步骤

1. 教师介绍任务及规则：走进山中观民居。

（1）以小组为单位外出观察民居。

（2）参考“探索手册”中的“体验世界”板块做好观察记录。

2. 思考与互动。

（1）在户外观察的过程中，我们要注意什么？

（2）如果进入到民居中观察，应该注意什么？（不拿、不动主人家物品等）

3. 教师出示户外课堂约定及处罚办法。

户外课堂约定：不远跑，爱花草；有问题，找老师；排好队，看脚下；点人数，及时报；低声走，听指挥。

处罚办法：若个别同学违反约定，先提醒；每提醒1次，该同学暂停活动3～5分钟；若一位同学被暂停超过3次，则取消其下次外出机会；若班级整体秩序差，则暂停本次户外课或取消下次户外课。

4. 教师组织学生开展户外观察。

（1）各组组长组织组员带好物资有序到观察地点。

（2）各组有序观察民居，完成观察任务，做好观察记录。

（3）完成观察后，组长组织组员有序回教室。

【提示】

①教师提醒学生携带“探索手册”、铅笔、尺子、橡皮。

②若本次为学生第一次外出观察，可以先在校园内练习，熟悉规则后再走出校园。

③教师可以根据本班实际情况调整观察时间。

④如不能外出，教师可打印民居照片（全方位）发给小组进行观察。

## 环节四：分享我的观察发现（15分钟）

### （一）目标

学生能结合户外观察，说出本地民居的主要特色。

### （二）步骤

1. 教师介绍任务及规则：组内说一说观察发现。

（1）小组内分享观察发现。

（2）音量为“2”，时长 8 分钟。

（3）遵守合作学习约定：“轮流发言”“专注倾听”。

| 轮流发言 | |
|---|---|
| 该怎么做？ | 该怎么说？ |
| ①按组长指定的顺序，每个人依次发言<br>②听上一个同学说完，再开始分享 | 轮到你发言了 |
| 专注倾听 | |
| 该怎么做？ | 该怎么说？ |
| ①看着发言的人，微笑或点头表示听懂<br>②不打断别人的发言 | —（保持音量为“0”） |

2. 教师组织小组完成任务。

3. 教师组织小组代表分享。

4. 教师小结：本地民居特点。

（1）选址：依山而建，背靠山，面向马路。

（2）材料：一般使用石头、钢筋混凝土搭建。

（3）外立面：一般有 2 ~ 4 层；俯瞰民居，由若干个长方形房屋和院落组成；正立面和后立面会有门和窗，左右侧立面上有窗户……

（4）空间布局和功能：一楼用来做饭、存放粮食等；二楼用来居住；客厅内有一个神龛……

（5）装饰：外墙有些刷上了颜色，或者贴上了彩色的瓷片；正门旁边有两个粗壮的罗马柱……

【提示】该总结具体内容仅供参考，请教师结合本地实际情况和学生观察从这几个角度来总结。

5. 思考与互动：通过这些观察以及上学期所学，说一说人类居所和动物居所有哪些不一样？

6. 教师总结。

（1）复杂性，人类居所设计和建造更加复杂与多样。

（2）功能性，人类居所具有更多样的功能，除遮风避雨、繁衍外，还有娱乐、社交等功能。

（3）文化价值，人类居所承载了丰富的文化和美学价值，反映了一个地区的历史传统、艺术风格和社会价值观……

7. 教师布置课后任务：请同学们使用同样的观察方法，回家后，观察自己家有什么特点，在“探索手册”上做好记录。

### 环节五：本节课总结（5分钟）

1. 教师总结今日所学。

2. 教师布置作业：完成“探索手册”。

## 六、参考板书

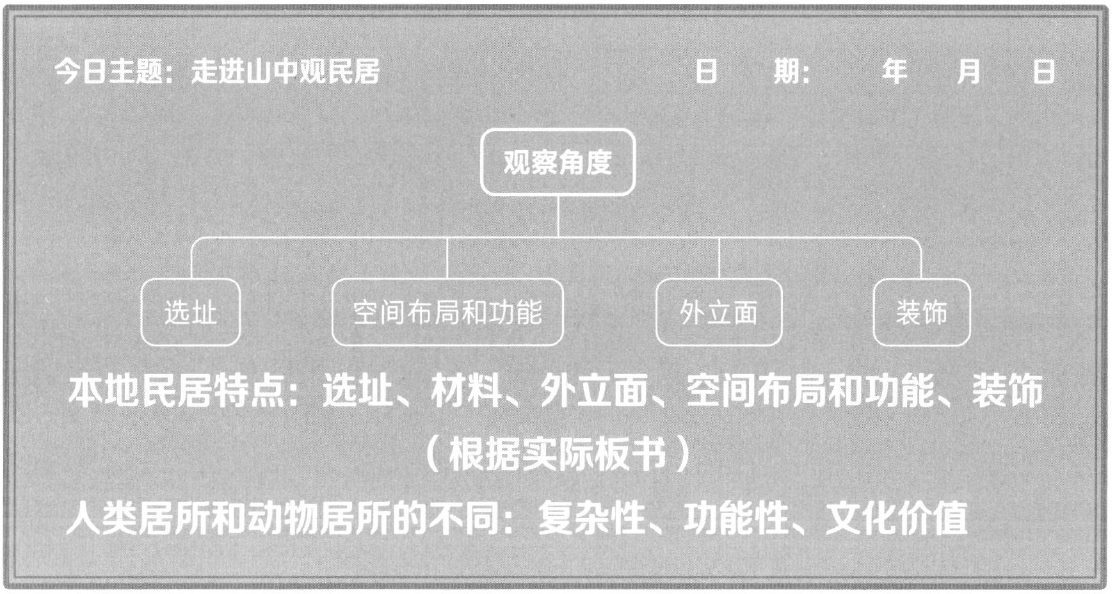

# 第2课 传统民居有特色（2课时）

## 一、教学目标

1. 通过观察图片、阅读和教师讲解，学生能说出贵州传统民居的特色。

2. 通过课堂学习，学生结合生活经验，能举例说明贵州传统民居建筑中蕴含的因地制宜、就地取材的智慧。

3. 通过课堂活动，学生能识别各地特色民居样式与环境的关系，认识其中蕴含因地制宜、人与自然和谐相处的智慧。

## 二、教学重难点

1. 教学重点：学生能描述本地传统民居建筑的特色，发现传统民居的建筑智慧。

2. 教学难点：学生能举例说明传统民居的建筑智慧。

## 三、 教学建议

教师做好引导者，以苗族吊脚楼的案例抛砖引玉，鼓励学生积极思考、畅所欲言，肯定学生的各种猜想（只要言之有理），并用贴近学生生活经验的案例举例、引导他们思考。

## 四、教学准备

1. 视频：《200亿中国人的家》[1]。

2. 素材：教师可提前请几个同学观察当地特色民居或老房子，作为课堂学习的素材。

---

1 网络搜索关键词可获得。

## 五、教学内容

本次课共5个环节，分别是“上节课回顾”“我观民居有发现”“传统民居藏智慧”“各地民居有特色”“本节课总结”，课程时长80分钟（2课时）。

### 环节一：上节课回顾（5分钟）

1. 齐诵《乡土开课辞》。

2. 教师组织学生回顾课堂约定。

3. 教师组织学生回顾上节课主要内容。

### 环节二：我观民居有发现（35分钟）

（一）目标

通过观察图片、阅读和教师讲解，学生能发现贵州传统民居的特色。

（二）步骤

1. 教师引入：上次课我们观察了村里的新式民居，其实村里还有一些很有历史的老房子，这些老房子和我们新式民居有哪些不同呢？

2. 教师组织2～3位学生分享自己的观察发现。

3. 教师总结：从同学们的分享中，我们能发现这些老房子在选址、外观、材料、布局、装饰等方面都一些共同点。

4. 教师介绍任务及规则：我观民居有发现。

（1）仔细观察“探索手册”中贵州有代表性的传统民居图片并阅读介绍内容。

（2）根据观察、阅读，结合自己的理解，小组内轮流说一说自己的发现。

（3）音量为“2”，时长15分钟。

（4）遵守合作学习约定：“轮流发言”“做好记录”。

| 轮流发言 | |
|---|---|
| 该怎么做？ | 该怎么说？ |
| ①按组长指定的顺序，每个人依次发言<br>②听上一个同学说完，再开始分享 | 轮到你发言了 |
| **做好记录** | |
| 该怎么做？ | 该怎么说？ |
| ①记录员记录关键词和主要内容<br>②重复的内容只记录一次 | 组长：请你负责记录，可以吗？<br>记录员：我们组的结论是…… |

5. 教师组织小组完成任务。

6. 教师组织小组代表分享。

【提示】学生只要言之成理即可，教师可从地理环境、民族文化、社会生活等方面来提炼升华。

7. 教师总结：贵州传统民居的特色。

【参考】

贵州有很多有代表性的民居，比如黔东南苗族的吊脚楼、黔北地区小青瓦和坡屋面的木结构民居、黔西南的石头民居等。这些民居因其历史悠久、富有地方特色和民族特色，我们称之为传统民居，它们是中国建筑文化的重要组成部分。

这些传统民居在具体形态和细节上有很大差异，包括用材、布局、结构、装饰等方面，但它们都在不同程度上传承了中国建筑文化的精髓，反映了各自的地理环境、民族文化和社会生活特点。

尊重自然：大多依地势而建，因地制宜，尽量减少对自然的破坏；而且几种传统民居在建筑材料的选择上都很有地方特色，充分利用当地的自然资源。

文化传承：每种传统民居都是其所属民族或地区文化的象征，承载着非常丰富的历史记忆。通过世代相传的建筑技艺和形式，这些民居成为了文化传承的重要载体，保留了珍贵的历史信息和民俗习惯。

功能适应性：不同类型的民居根据当地的气候条件设计，具有良好的保温隔热性能，适应贵州多变的天气状况，提供舒适的居住环境。

### 环节三：传统民居藏智慧（25分钟）

#### （一）目标

结合生活经验，学生能举例说明传统民居的建筑智慧（建筑与自然环境的关系），体会贵州人民因地制宜、就地取材建造房屋的智慧。

#### （二）步骤

1. 思考与互动：你知道传统民居还蕴藏着哪些智慧吗？

2. 教师介绍任务及规则：寻找传统民居中的智慧。

（1）小组讨论，填写“探索手册”中对应内容（带 * 的题目可以不做）。

（2）音量为“2”，时长 12 分钟。

（3）遵守合作学习约定：“达成共识”“做好记录”。

| 达成共识 | |
|---|---|
| 该怎么做？ | 该怎么说？ |
| ①组长要让每个组员都能表达意见<br>②每一个观点都要提供理由<br>③经过讨论仍意见不一时，举手投票 | ①对于这个问题，你怎么想？<br>②我认为……，因为……<br>③我同意 / 不同意……的观点，因为…… |

（续表）

| 做好记录 | |
|---|---|
| 该怎么做？ | 该怎么说？ |
| ①记录员记录关键词和主要内容<br>②重复的内容只记录一次 | 组长：请你负责记录，可以吗？<br>记录员：我们组的结论是…… |

3. 教师组织小组讨论。

4. 教师组织小组代表分享讨论结果。

【提示】每组选择 1 个问题分享，其他小组补充，鼓励学生畅所欲言、大胆假设，并多问“为什么”，引导他们结合生活经验说出具体的理由，只要言之成理即可。

①为什么民居多建在山地上、依山傍水、靠近耕地？（视野开阔，平地用来种田）

②为什么以木头、石头为主要的建筑材料？（就地取材）

③为什么木柱子下面往往是石墩或者石砌院坝，木柱子不直接接触地面？（防虫蚁）

④为什么屋顶是坡屋顶，而且铺上了青瓦或石板？（便于排水）

⑤为什么吊脚楼一楼用于养牲畜或存放杂物，不住人？（一楼太潮湿）

⑥山区地形起伏、地面不平，人们用了哪些方法解决这个问题？（筑坝或吊脚）

5. 教师小结：贵州传统民居的建筑智慧。

【参考】

传统民居最大的一个特点是：因地制宜、就地取材，与自然环境和谐相处。所以地形、自然资源（比如石头、树木、竹子）、气候（气温、降水）等自然环境都会影响民居建筑的选址、材料和空间利用。

贵州有句俗话：天无三日晴，地无三尺平。这里是山区，地形崎岖。因此，传统民居多建在山地或平缓的坡地上，而且依山傍水，靠近耕地。同时，会遵循山原本的形状，通过吊脚、筑坝等方法减少房子和山地表面的接触，尽可能地不改变原有地势。

这里的气候潮湿多阴雨，斜屋顶便于排水；一楼阴暗潮湿，一般不住人，用来放杂物或养牲畜。

同时，春夏潮湿的气候也会让蛇虫鼠蚁十分活跃。吊脚楼的设计，就有效地解决了一楼潮湿、虫蚁多的问题。同时，每家每户的房子都会建在院坝之上，也是为了避免蛇虫鼠蚁爬进家里来或者腐蚀木墙木柱。

【提示】请教师结合学生的回答以及本地民居建筑的实际情况进行调整。

6. 思考与互动：请参考贵州的传统民居，思考我们村的新式民居从传统民居中继承了哪些民居智慧或元素？

【提示】教师根据学生所说，再尽量从人类文化、文明的角度进行提炼总结。

7. 教师总结：从文化的角度，村里的新式民居延续了传统民居中所蕴含的人文精神，仍然保留了一定的“聚族而居”模式；从文明的角度，传统民居体现了人与自然和谐共生的理念，新式民居吸收了这一点，仍然会依地势而建，仍然继续采用“吊脚楼”的设计……此外，精美的木雕窗棂或寓意深刻的砖石雕刻，这些传统民居的装饰元素也被新式民居继承和发展，使建筑不仅美观实用，而且富有文化底蕴。

## 环节四：各地民居有特色（10分钟）

### （一）目标

通过观看视频、图片，学生能加深对于各地传统民居与环境和谐关系的理解，并感受到传统民居中蕴藏的自然之美与人文之美。

### （二）步骤

1. 教师播放视频《200亿中国人的家》。

2. 思考与互动：在视频中，你看到了什么？

【参考】“居所”对中国人来说代表着家，所以，中国的传统民居中蕴含着中国人营造一个美好的家的所有努力和智慧，也蕴含了数世纪以来中国传统文化的传承与文化之美，它们是中国古代人民智慧的结晶。从北方四合院到南方的吊脚楼，每一种建筑形式都反映了当地独特的自然环境、社会结构和生活方式。精美的木雕、石刻、砖雕等装饰元素，不仅显示了古代人民在美学上的追求，更是一种无声的语言，讲述着当时的社会风貌和人们的精神世界。

3. 教师介绍任务及规则：民居特色连连看。

（1）完成“探索手册”中的“学习驿站·各地民居有特色”。

（2）音量为“0”，时长5分钟。

4. 教师组织学生完成任务。

5. 思考与互动。

（1）这些民居有什么特色？

（2）根据它的特色，你能猜一猜当地的自然环境特点吗？

【提示】引导学生充分观察图片细节，并大胆提出猜想，言之有理即可。

6. 教师总结：我国幅员辽阔，各地的民居也各有特点，这些民居的设计不仅考虑到了实用性，还体现了人与自然的和谐之美，真了不起！

## 环节五：本节课总结（5分钟）

1. 教师总结今日所学。

2. 教师布置作业：完成“探索手册”。

## 六、参考板书

今日主题：传统民居有特色　　　　　　　　　　日　期：　　年　月　日

传统民居：悠久历史、富有地方特色和民族特色

贵州传统民居：吊脚楼、黔北民居、石板房……

传统民居的特点：尊重自然，因地制宜

文化传承，保留了珍贵的历史信息和民俗习惯

良好的社会 / 环境适应性等

# 第3课 民居特色创意绘（2课时）

## 一、教学目标

1. 通过教师引导，学生能发挥创意，用文字描述、绘画呈现当地民居的建筑特色。

2. 通过教师引导，学生能绘制至少包含四级主题的单元思维导图，梳理、总结本单元所学。

3. 通过使用“我的单元成长档案”，学生能对自己和同组伙伴的学习表现进行评价和反思，总结自己和小组的成长变化。

## 二、教学重难点

学生能用绘画和文字的形式表现民居的建筑特色。

## 三、教学建议

1. 教师可向学生展示绘画范例，引导学生先画大的轮廓，再到细节。

2. 如果“画一画特色民居”这一环节实际用时较多，教师可将最后一个环节“我的单元成长档案”留作课后作业。

## 四、教学准备

1. 工具：彩笔，每组 1 ~ 2 盒。

2. 示范画：以“特色民居”为主题的儿童画[1]。

3. 视频：以“特色民居”为主题的儿童绘画视频[2]。

---

1 网络搜索关键词“画民居　儿童画”即可获得。

2 网络搜索关键词“画民居　儿童画　视频”即可获得。

## 五、教学内容

本次课共4个环节，分别是“上节课回顾”“画一画特色民居”“创作单元思维导图”“我的单元成长档案”，课程时长80分钟（2课时）。

### 环节一：上节课回顾（5分钟）

1. 齐诵《乡土开课辞》。

2. 教师组织学生回顾课堂约定。

3. 教师组织学生回顾上节课主要内容。

### 环节二：画一画特色民居（35分钟）

#### （一）目标

通过教师引导，学生能结合前期观察和所学，使用图文并茂的方式呈现出民居特色。

#### （二）步骤

1. 教师引入：前面几次课，我们认识了当地特色民居。这节课，我们尝试把这些特色用绘画呈现出来吧！

2. 教师介绍任务及规则：画一画特色民居。

（1）可以选择一种或几种你感兴趣的民居类型进行绘画，比如村里的新式民居、传统民居的吊脚楼等。

（2）作品要呈现出民居主要特色或智慧，比如建筑风格、色彩、装饰、与自然环境的关系等，最好突出本地文化特色。

（3）可以通过添加一些自然元素，比如大树或者小动物，使画作更加生动有趣。

（4）画面整洁，线条清晰，色彩鲜明。

（5）在空白处，写一段150字左右的文字，介绍所画的民居类型及其特色。

（6）音量不超过“1”，时长35分钟。

3. 教师介绍示范画。

4. 教师播放：以“特色民居”为主题的儿童绘画视频。

【提示】教师可以引导学生注意绘画的步骤：先画居所轮廓→完善细节→画其他事物→涂色。

5. 教师组织学生完成任务。

（1）各组资料员作为代表领取物资。

（2）个人完成任务。

6. 教师组织学生代表分享个人作品。

7. 教师总结：本单元，我们认识了全国各地传统特色民居，尤其是贵州的传统民居。每个地区的民居都与当地的自然环境、社会结构、生活方式密切关联，传承着人类千百年来的文化。所以，传统民居的意义远超出建筑物本身，希望同学们以后也可以关注传统民居，继续去了解它们所蕴藏的自然之美和人文之美。

### 环节三：创作单元思维导图（20分钟）

**（一）目标**

学生能按要求独立绘制单元思维导图，回顾本单元内容。

**（二）步骤**

1. 思考与互动：本单元我们学习了什么？开展了哪些活动？令你印象深刻的内容有哪些？接下来我们将使用思维导图来回顾梳理本单元的内容。

2. 教师介绍任务及规则：创作思维导图。

（1）本单元的主题为“民居百貌大发现”。

（2）请围绕本单元主题绘制单元思维导图。

（3）思维导图内容要尽可能详细。

（4）思维导图至少包含四级主题内容，要尽可能详细、图文并茂。

（5）音量不超过“1”，时长 10 分钟。

3. 教师组织学生绘制思维导图[1]。

【提示】教师可引导学生按照单元主题、课堂主题、主题活动等来绘制每级主题的内容；也可让学生按照其他逻辑来梳理单元内容，如民居的选址、材料、外观、装饰、布局与功能等。

4. 教师出示：“单元思维导图”示范图。

5. 教师总结：同学们都独立绘制了本单元的思维导图，非常棒，可以参考示范图进行调整、补充。

### 环节四：我的单元成长档案（20分钟）

**（一）目标**

学生能有序填写“我的单元成长档案”进行自我评价和小组互评。

**（二）步骤**

1. 教师引入：这个单元的学习到这里就结束了，我们表现得怎么样呢？接下来一起来给自己、给小组成员评一评吧！

2. 教师组织学生填写“探索手册”中“我的单元成长档案”[2]。

---

1　思维导图的绘制方法，可参考“山居智慧小记”，本书第 42 页。

2　“我的单元成长档案”的填写方法，可参考“山居智慧小记”，本书第 43 页。

## 六、参考板书

今日主题：民居特色创意绘　　　　日　期：　年　月　日

**画民居：突出本地文化特色**

**（建筑风格、色彩、装饰、与自然环境的关系等）**

**建筑特色　建筑之美**

## 七、思维导图内容框架

本思维导图仅展示了单元内容框架，教师带领学生绘制思维导图时，可参考电子课件中的思维导图范例。

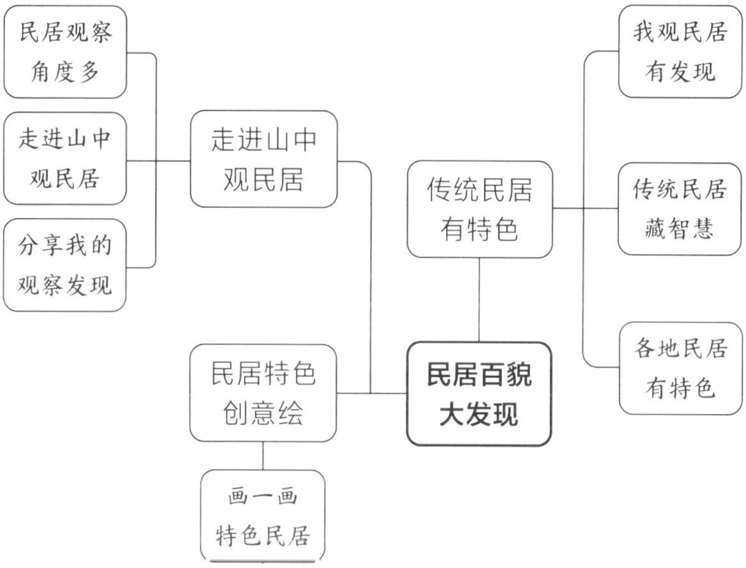

# 第二单元
# 民居稳固细探究

## 一、单元设计思路

“民居稳固细探究”单元是“山中百居”主题下学期的第二个主题单元。

本单元围绕“如何让房屋稳固？”这一核心问题展开。学生从初步的观察开始，观察贵州传统民居和全国各地特色民居，猜测民居稳固的因素，然后通过小实验进行验证，之后学生探究常见建筑材料的特点，最后通过“搭高塔”的形式，再次感受影响民居稳固的重要因素。

## 二、单元跨学科设计

本单元涉及数学、科学、劳动教育、综合实践、语文五门学科。

## 三、单元目标

### （一）乡土认同

通过实地观察、阅读等活动，学生能识别本地民居常见的结构与材料。

### （二）沟通合作

1. 学生能在小组合作中遵守“轮流发言”“专注倾听”等合作学习约定，就不同意见商讨并达成共识，记录讨论中的关键要点与结论。

2. 学生能在限定时间内开展组内合作，遇到困难时能按照求助顺序求助，并主动为他人提供力所能及的帮助。

### （三）勇于探究

1. 学生通过实验探究有利于民居稳固的因素。

2. 学生能运用多种感官观察并描述常见的建筑材料，探索不同材料的特点与优缺点，能区别天然材料与人造材料。

### （四）实践创新

结合所学，小组合作使用竹签、胡萝卜丁搭建一个有高度且稳定性较好的“高塔”结构模型。

### （五）自信分享

学生能按照分享规则，主动分享观察、感受和创作成果、小组结论等内容。

### （六）乐学善学

1. 学生能积极参与小组讨论、户外观察、阅读、观察实验等活动。

2. 学生能绘制至少包含四级主题的单元思维导图，总结本单元所学。

3. 学生能运用“我的单元成长档案”进行自我评价与小组互评，总结自己和小组伙伴的成长变化。

## 四、单元课程目录

第 4 课　民居稳固与何关（2 课时）

第 5 课　民居结构试探究（2 课时）

第 6 课　建筑材料细观测（2 课时）

第 7 课　齐心协力筑“高塔”（2 课时）

## 五、相关概念

**建筑结构：** 亦称“房屋结构”。建筑物中由承重构件（梁、柱、桁架、墙、楼板和基础等）组成的体系。用以承受作用在建筑物上的各种载荷，如框架、塔架等。必须具有足够的强度、稳定性、刚度和耐久性，以满足使用要求。

**穿斗式结构：** 用穿枋把一排排柱子串连起来成为排架，然后用枋、檩连接而成屋架。

**人造材料：** 相对于天然材料而言。指自然界原本不存在，或虽然存在但无法直接满足使用需求，需要经过人工加工、合成等手段，改变其化学组成或物理形态后才能使用的材料。

# 第4课 民居稳固与何关（2课时）

## 一、教学目标

1. 通过观察图片、阅读、实地观察，学生能说出影响民居稳定性的 2 ~ 3 个因素。

2. 通过教师引导，学生能有序完成户外观察本地民居的任务。

## 二、教学重难点

1. 教学重点：学生能有序开展外出观察本地民居的任务。

2. 教学难点：学生能说出影响民居稳固的主要因素。

## 三、教学建议

1. 本次课通过由易到难的三个活动，逐步让学生认识到影响传统民居和新式民居稳固性的因素。

2. 如果不能带学生外出，教师可以全方位拍摄民居图片或视频展示给学生。

## 四、教学准备

户外踩点：教师根据小组数量，选择当地比较典型的几户民居作为观察点（最好既有传统民居又有新式民居），提前和主人联系，最好能分组进入民居观察。

## 五、教学内容

本次课共 4 个环节，分别是“上节课回顾”“传统民居结构稳”“民居稳固小调查”“本节课总结”，课程时长 80 分钟（2 课时）。

### 环节一：上节课回顾（5分钟）

1. 齐诵《乡土开课辞》。

2. 教师组织学生回顾课堂约定、户外课堂约定。

3. 教师组织学生回顾上节课主要内容。

### 环节二：传统民居结构稳（35分钟）

#### （一）目标

通过观察图片和阅读，学生能说出影响传统民居稳固性的 2 ~ 3 个因素。

#### （二）步骤

1. 教师出示民居垮塌的图片。

2. 教师引入：民居垮塌会造成严重的影响，那如何保证民居的稳固呢？今天，我们一起进入“民居稳固细探究”主题单元，探索影响民居稳固的因素。

3. 教师介绍任务及规则：小组讨论。

（1）请仔细观察“探索手册”中的图片。

（2）小组讨论这些建筑有什么特点，猜猜它们为什么比较稳固。

（3）音量为“2”，时长 8 分钟。

（4）遵守合作学习约定：“轮流发言”“做好记录”。

| 轮流发言 | |
|---|---|
| 该怎么做？ | 该怎么说？ |
| ①按组长指定的顺序，每个人依次发言<br>②听上一个同学说完，再开始分享 | 轮到你发言了 |
| 做好记录 | |
| 该怎么做？ | 该怎么说？ |
| ①记录员记录关键词和主要内容<br>②重复的内容只记录一次 | 组长：请你负责记录，可以吗？<br>记录员：我们组的结论是…… |

4. 教师组织学生开展讨论。

5. 教师组织小组代表分享。

6. 教师总结：同学们提出了不少猜想——建筑物的形状可能影响建筑物的稳固，三角形、拱形、上小下大、上轻下重可能让民居更稳固……

【提示】引导学生仔细观察图片细节，鼓励其大胆猜想，只要言之有理即可。同时，同一幅图片可以提问多位学生，多问“你同意他的猜想吗？有其他不一样的猜想吗？”鼓励学生互动、思维碰撞。

7. 思考与互动：贵州著名的传统民居，如吊脚楼，如何能屹立百年不倒呢？

8. 教师组织学生阅读“探索手册”：贵州传统民居百年屹立不倒的秘密。

9. 教师组织学生代表分享结论。

10. 教师总结：贵州西江千户苗寨的吊脚楼和青岩古镇的石头房是贵州著名传统民居。它们的建筑材料和建筑结构，都能让民居稳定坚固。

### 环节三：民居稳固小调查（35分钟）

#### （一）目标

学生通过实地观察，能够认识影响本地民居稳固的基本因素。

#### （二）步骤

1. 思考与互动：影响本地民居稳固性的因素又有哪些呢？

2. 教师介绍任务及规则：民居稳固小调查。

（1）以小组为单位调查民居。

（2）按照“探索手册”提示，完成观察任务。

（3）遵守户外课堂约定和进入民居注意事项。

【提示】教师可以请学生说一说户外课堂约定和进入民居的注意事项。如果不具备开展户外调查活动的条件，教师可以播放录制的视频。

4. 教师组织小组完成调查任务。

（1）小组在组长带领下携带好物品有序走到指定观察地点。

（2）小组完成观察任务。

（3）小组集合并有序返回教室。

（4）教师对本次户外观察活动进行总结性点评。

【提示】教师就学生遵守规则、做得好的方面进行鼓励，并明确指出下次需要改进的地方。

5. 教师组织小组代表分享调查发现。

6. 教师总结。

【参考】同学们通过调查，有各种各样的发现和猜想。正如大家所说，我们这边的民居以……（木头 / 砖 / 混凝土 / 石头等）为主要的建筑材料，房屋依据地势而建，使用原木 / 大立柱作为支撑，民居的四个外立面看起来都很厚重……由此，我们知道了影响民居稳固的因素非常多，不仅有材料因素，还有地形、结构等因素。下节课，我们将通过实验验证大家的部分猜想。

### 环节四：本节课总结（5分钟）

1. 教师总结今日所学。

2. 教师布置作业：完成“探索手册”。

## 六、参考板书

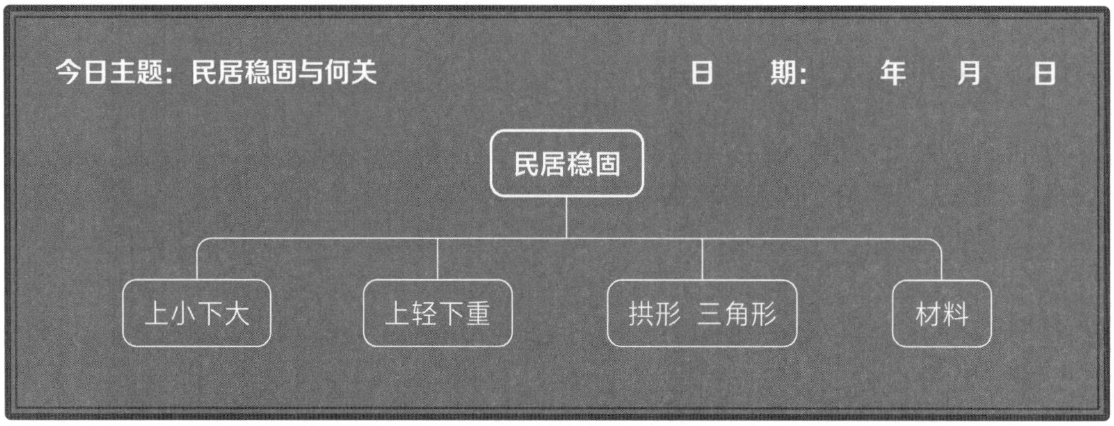

# 第5课 民居结构试探究（2课时）

## 一、教学目标

1. 通过课堂实验，学生能验证影响民居稳定性的因素。

2. 通过教师引导，学生能综合实验结果和前期所学，列举生活中常见的帮助建筑稳定的实例。

## 二、教学重难点

学生能动手操作简易实验，验证影响结构稳固的因素。

## 三、教学建议

1. 教师可以先以一个对比实验抛砖引玉，为学生做出实验示范。

2. 在开展探究前，教师明确实验规则和步骤。

3. 为了保证实验效果，教师可以课前做一遍试验。

## 四、教学准备

材料：A4 白纸，每组 1 张；A4 硬卡纸，每组 2 张；硬币、与硬币同等大小的小夹子、螺帽，三者选其一即可，每组若干；透明胶或双面胶，每组 1 卷；塑料瓶，每组 1 个。

## 五、教学内容

本次课共 4 个环节，分别是“上节课回顾”“结构稳固试探究（上）”“结构稳固试探究（下）”“本节课总结”，课程时长 80 分钟（2 课时）。

### 环节一：上节课回顾（5分钟）

1. 齐诵《乡土开课辞》。

2. 教师组织学生回顾课堂约定。

3. 教师组织学生回顾上节课主要内容。

### 环节二：结构稳固试探究（上）（35分钟）

#### （一）目标

学生能动手操作简易实验，验证“‘上小下大’‘上轻下重’的结构更加稳定”的猜想。

#### （二）步骤

1. 思考与互动：你能利用 2 张卡纸、若干小夹子或硬币、1 卷透明胶、1 个塑料瓶等材料，设计两个小实验吗？

2. 教师介绍任务及规则：结构稳固试探究（上）。

（1）将塑料瓶（去掉瓶盖）正放和倒放，用同样力度扇风，观察哪种放置方式更稳固。

（2）用同样大小的卡纸折 2 个圆柱，在其中 1 个纸圆柱上方围圈粘贴硬币（或夹上夹子），在另 1 个纸圆柱的下方围圈粘贴上相同数量的硬币（夹上夹子），用同样力度扇风，观察哪个圆柱更稳固。

（3）音量为“2”，时长 15 分钟。

（4）遵守合作学习约定：“分工明确”“做好记录”。

| 分工明确 | |
|---|---|
| 该怎么做？ | 该怎么说？ |
| ①组长组织分工，让每个人都有事做<br>②每个人努力完成自己的分工 | 组长：请你负责……可以吗？<br>组员：组长，我想…… |
| 做好记录 | |
| 该怎么做？ | 该怎么说？ |
| ①记录员记录关键词和主要内容<br>②重复的内容只记录一次 | 组长：请你负责记录，可以吗？<br>记录员：我们组的结论是…… |

3. 教师组织资料员领取材料。

4. 教师组织小组开展合作探究。

【提示】

①过程中，教师做好计时并充分巡堂，观察各组合作学习进度。

②对于明显存在困难的小组，教师可予以进一步提示和指导。

③若全班对于某一个实验普遍存在困难，可以全班暂停，教师予以统一指导。

④最后留一点时间，组织学生整理桌面、收好材料。

5. 教师组织小组代表分享实验过程和结论。

6. 教师总结：同学们太棒了，每个人都是小科学家，能够通过动手实验验证自己的猜想。通过大家的实验，我们发现“上小下大”“上轻下重”的结构通常更加稳定。

7. 思考与互动：同学们生活中有没有看到这样结构的案例?

## 环节三：结构稳固试探究（下）（35分钟）

### （一）目标

学生能动手操作简易实验，从而得出“三角形和拱形结构有利于民居稳固”的结论。

### （二）步骤

1. 思考与互动：不借助其他工具，单凭 1 张 A4 纸能承重 1 块橡皮或 1 本字典吗（纸张不塌陷）?

2. 教师介绍任务及规则：结构稳固试探究（下）。

（1）在左右两侧放置相同高度的书，模拟桥梁的桥栏（高度不少于 5 厘米，左右桥栏间隔 15 厘米左右）。

（2）使用 A4 纸作为桥梁模型，你可以将其折叠成不同形状，但不能剪裁，测试哪种形状能更好地承载 1 块橡皮、1 本字典。

（3）音量为“2”，时长 15 分钟。

3. 教师组织资料员领取材料。

4. 教师组织小组开展实验。

5. 教师组织小组代表分享实验结论。

（1）将纸的两边折起，做成“凹”字形，我们发现……

（2）将纸折成拱形，我们发现……

（3）将纸折成连续三角形（风琴型），我们发现……

（4）将纸折成……我们发现……

6. 教师总结：原来，拱形结构和三角形结构都能增加承重力。

7. 思考与互动。

（1）在民居中，你看到过哪些三角形结构、拱形结构的设计?（三角形屋顶、拱形屋顶、拱形的大门等）

（2）为什么现在的很多新式民居屋顶不再使用三角形或拱形结构了呢?

【提示】只要言之成理即可，比如现代建筑设计往往追求简洁、流线型的外观，平屋顶增加视觉美观；平屋顶可能更经济，更容易建造，并且使用的材料更少；平屋顶可以提供额外的可用空间，例如晒谷子或玉米；现代建筑技术的发展，如新材料，使得平屋顶也能具备良好的承重和稳定性。

### 环节四：本节课总结（5分钟）

1. 教师总结今日所学。

2. 教师布置作业：完成“探索手册”。

## 六、参考板书

| | |
|---|---|
| 今日主题：民居结构试探究 | 日　期：　年　月　日 |

利于民居稳固的结构：

上小下大　上轻下重　三角形　拱形

# 第6课 建筑材料细观测（2课时）

## 一、教学目标

1. 通过自主探究和观看视频，学生能说出常见建筑材料的特点及其优缺点。

2. 通过教师引导，学生能通过小组讨论完成建筑材料分类，能区分生活中常见的天然材料与人造材料。

## 二、教学重难点

1. 教学重点：学生能说出常见建筑材料的特点及其优缺点。

2. 教学难点：学生能有序且分工明确地开展自主探究活动。

## 三、教学建议

1. 教师可选取一种材料给学生示范。

2. 如果学生存在探究的困难，教师可以带学生逐步开展探究。

## 四、教学准备

1. 材料：木头、石头、红砖、钢筋、玻璃、大理石、空心砖，每个小组1套，每种物品小块即可。

2. 工具：酒精灯（用来测试耐火性）。

3. 视频：《哪种材料更抗地震》《10种环保建筑材料｜可持续设计》[1]。

---

1　网络搜索关键词可获得。

## 五、教学内容

本次课共 5 个环节，分别是“上节课回顾”“民居材料细观测”“新型材料真神奇”“我给材料分分类”“本节课总结”，课程时长 80 分钟（2 课时）。

### 环节一：上节课回顾（5分钟）

1. 齐诵《乡土开课辞》。

2. 教师组织学生回顾课堂约定。

3. 教师组织学生回顾上节课主要内容。

### 环节二：民居材料细观测（35分钟）

#### （一）目标

学生能在自主探究活动中观察、测试、记录常见建筑材料的特点，并分析其优缺点。

#### （二）步骤

1. 思考与互动：村里的新式民居常用哪些建筑材料？

2. 教师小结：除了木头、竹子，民居常常使用砖、钢筋、混凝土、玻璃、石材（石头、大理石）、金属（铁皮、铝合金）等作为主要的建筑材料，它们有哪些特点和优势呢？

3. 教师介绍今日探究的材料。

【提示】教师尽量多准备材料种类，本教案以木头、石头、红砖、钢筋、玻璃、大理石、空心砖等材料作为示例。

4. 思考与互动：我们可以使用哪些方法来观察、测试材料的特点？

5. 教师小结（根据学生回答）。

（1）摸一摸材料的外形，看表面是否平整。

（2）两种材料互相碰撞，比较哪种更坚固。

（3）用手折一折，测试是否会变形，易变形的材料同时也说明可塑性强。

（4）可以将材料在火上烧一烧，以测试其耐高温的性能。（此项可以由教师统一做测试）

6. 教师介绍任务及规则：民居材料细观测。

（1）小组参考“探索手册”上的提示，开展探究任务。

（2）音量不超过“2”，时长 25 分钟。

（3）遵守合作学习约定：“轮流发言”“分工明确”。

| 轮流发言 | |
|---|---|
| 该怎么做？ | 该怎么说？ |
| ①按组长指定的顺序，每个人依次发言<br>②听上一个同学说完，再开始分享 | 轮到你发言了 |

（续表）

| 分工明确 | |
|---|---|
| 该怎么做？ | 该怎么说？ |
| ①组长组织分工，让每个人都有任务<br>②每个人努力完成自己的分工 | 组长：请你负责……可以吗？<br>组员：我的分工是…… |

7. 教师组织资料员领取材料。

8. 教师组织小组讨论分工。

9. 教师组织学生开展探究活动。

10. 教师组织小组代表分享探究结论。

11. 教师小结：不同的材料有不同的特点，也有各自的优缺点。

12. 教师播放视频：《哪种材料更抗地震？》

13. 教师总结：钢结构和木结构的抗震性能比较好。

## 环节三：新型材料真神奇（15分钟）

### （一）目标

通过观看视频，学生能体会到科技发展对人类居住生活的影响。

### （二）步骤

1. 教师引入：随着科技的发展，如今还出现了许多新型环保材料和新技术。

2. 教师播放：视频《10 种环保建筑材料 | 可持续设计》

3. 教师总结：科技的发展带来了层出不穷的新型环保材料，这些材料正在改变我们的居住生活。

## 环节四：我给材料分分类（20分钟）

### （一）目标

通过小组讨论与教师引导，学生能区别天然材料与人工材料。

### （二）步骤

1. 教师介绍任务及规则：建筑材料分分类。

（1）小组讨论，按照材料的来源，给建筑材料分类，完成“探索手册”对应内容的填写。

（2）音量不超过“2”，时长 8 分钟。

（3）遵守合作学习约定：“紧扣主题”。

| 紧扣主题 | |
|---|---|
| 该怎么做？ | 该怎么说？ |
| ①说话不离题<br>②表述清楚 | 按照材料的来源，我认为建筑材料可以分为…… |

2. 教师组织小组讨论分类。

【提示】过程中，教师观察各组合作学习进度，适时适度介入。

3. 教师组织小组代表分享。

【提示】若学生存在明显的分类错误，多问“为什么”，邀请其进一步阐释原因，从材料的来源帮助其厘清概念，或邀请其他同学补充、更正。

4. 教师总结：按材料来源分，建筑材料可以分为天然材料和人造材料。竹子、木头、石头、稻草等是大自然中原本就存在的，是天然的建筑材料（只对材料的外形进行简单加工，比如木头、石头，也属于天然材料）。而玻璃、瓦片、混凝土、砖……这些材料是大自然中没有的，称为“人造材料”。

### 环节五：本节课总结（5分钟）

1. 教师总结今日所学。

2. 教师布置作业：完成“探索手册”。

## 六、参考板书

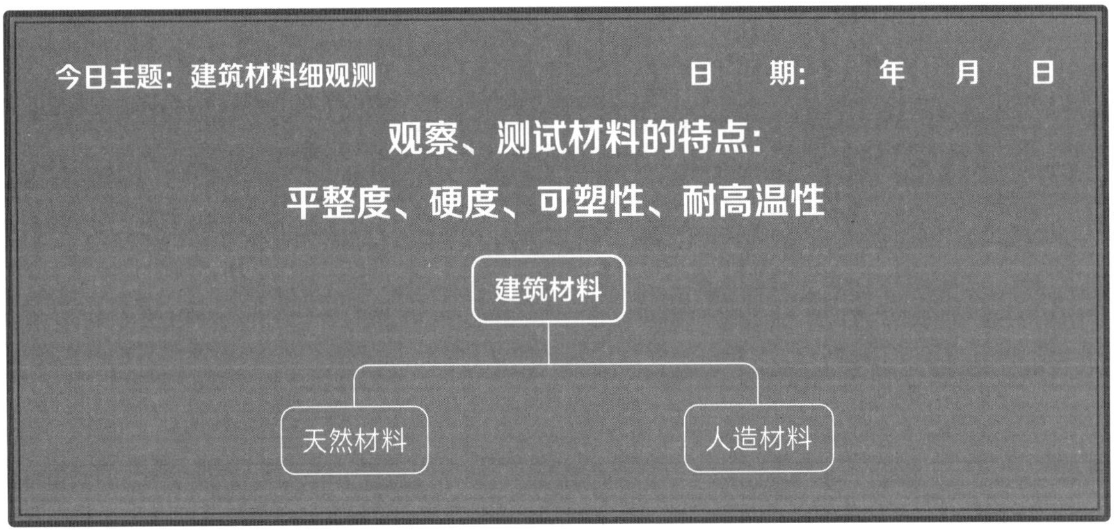

# 第7课 齐心协力筑“高塔”（2课时）

## 一、教学目标

1. 学生结合所学，能小组合作完成搭建符合要求的“高塔”。

2. 通过教师引导，学生能绘制至少包含四级主题的单元思维导图，梳理、总结本单元所学。

3. 通过使用“我的单元成长档案”，学生能对自己和同组伙伴的学习表现进行评价和反思。

## 二、教学重难点

小组合作运用多种材料搭建符合稳定性要求的“高塔”。

## 三、 教学建议

1. 在进行任务前，教师可以先引导学生回顾有助于结构稳定的方法。

2. 教师布置任务时明确要求，确认学生了解后才正式开始。

3. 教师先自行尝试搭建“高塔”，清楚操作方法与难点。

## 四、教学准备

1. 材料：100mm×2mm 的竹签或牙签，二者选其一，每组 80 根；红薯、胡萝卜、土豆，三者选其一，切成 1cm 左右的小丁，每组若干。

2. 工具：盆或硬纸板，每组 1 个；卷尺或长直尺，每组 1 把；手持电风扇，1 个。

## 五、教学内容

本次课共 5 个环节，分别是“上节课回顾”“齐心协力筑‘高塔’”“‘高塔’稳固共测试”“创作单元思维导图”“我的单元成长档案”，课程时长 80 分钟（2 课时）。

### 环节一：上节课回顾（5分钟）

1. 齐诵《乡土开课辞》。

2. 教师组织学生回顾课堂约定。

3. 教师组织学生回顾上节课主要内容。

### 环节二：齐心协力筑“高塔”（35分钟）

**（一）目标**

能通过总结所学，小组合作运用多种材料搭建符合稳定性要求的“高塔”。

**（二）步骤**

1. 思考与互动：哪些因素会影响建筑的稳定性？

2. 教师介绍任务及规则：小组合作搭“高塔”。

（1）小组合作，选择合适的材料，搭建一个稳固的“高塔”，看哪个小组搭得高且稳固。

（2）“高塔”能抵挡抗风测试（扇风10秒）和抗震测试（放在底盘上轻微晃动10秒）。

（3）爱惜材料，不得浪费。

（4）音量不超过“2”，时长25分钟。

3. 教师介绍材料并说明竹签使用时的安全注意事项。

4. 思考与互动。

（1）哪些材料可以用来连接竹签？（红薯丁、胡萝卜丁、土豆丁等）

（2）搭建高塔时，可运用哪些方法增加它的稳定性？（增加三角结构、上小下大、上轻下重、加固材料）

（3）如何保证小组团结合作、有序搭建？（分工明确，提前画好设计草图）

5. 教师出示：“高塔”范例图片。

6. 思考与互动：请学生说一说这些范例是如何搭建的，用了什么方法？

7. 教师组织小组讨论并画出设计草图。

8. 教师组织资料员领取物资。

9. 教师组织学生搭建“高塔”。

【教师引导建议】

①充分巡堂并计时（在关键时间点提醒学生注意时间）。

②适时适度介入帮助，若各小组普遍存在同样的困难，可暂停全班进度，统一提醒帮助。

③学生在连接材料上可能存在困难，教师可以在适合的时候给予示范。

④若有小组提前完成，为其提供进一步优化完善的建议，或鼓励其提高挑战难度、继续增高塔身。

10. 教师组织各小组整理桌面、回收材料。

### 环节三：“高塔”稳固共测试（15分钟）

#### （一）目标

学生使用合适的方法对小组搭建的“高塔”模型进行测试，并进一步思考影响结构稳固的因素。

#### （二）步骤

1. 教师引入：每个小组都成功制作出“高塔”模型！哪个小组的塔高呢？模型能否经过测试考验？让我们一起来测试下。

2. 教师介绍任务及规则：“高塔”稳固共测试。

（1）用尺子测量“高塔”高度。

（2）吹10秒的风，看“高塔”是否倒塌。

（3）将“高塔”模型放在托盘上，轻轻晃动托盘10秒，看是否倒塌。

3. 教师组织小组将“高塔”摆放在一起。

4. 教师组织学生依次对小组作品进行测量和测试。

【提示】为保证每次抗风测试和抗震测试的标准一致，风扇固定风力和位置，托盘由教师晃动。

5. 教师总结测试结果：经过抗风和抗震测试而没有倒塌的作品是……，其中较高的是……

6. 思考与互动：仔细观察这个小组的作品，为什么他们设计的结构能保持稳固呢？

【提示】鼓励学生充分表达，言之有理即可。

7. 教师总结：看来，设计建筑结构需要很多学问和智慧，并不容易。我们需要充分运用所学，增强结构的稳固。

### 环节四：创作单元思维导图（15分钟）

#### （一）目标

学生能按要求独立绘制单元思维导图，回顾本单元内容。

#### （二）步骤

1. 思考与互动：本单元我们学习了什么？开展了哪些活动？令你印象深刻的内容有哪些？接下来我们将继续使用思维导图来回顾梳理本单元的内容。

2. 教师介绍任务及规则：创作思维导图。

（1）本单元的主题为“民居稳固细探究”。

（2）请围绕本单元主题绘制单元思维导图。

（3）思维导图至少包含四级主题内容，要尽可能详细、图文并茂。

（4）音量为“0”，时长10分钟。

3. 教师组织学生绘制思维导图[1]。

【提示】教师可引导学生按照单元主题、课堂主题、主题活动等来绘制每级主题的内容，也可让学生按照其他逻辑来梳理单元内容，如将影响民居稳固的因素作为二级主题。

4. 教师出示：单元思维导图示范图。

5. 教师总结：同学们都独立绘制了本单元的思维导图，非常棒，可参考示范图进行调整、补充。

### 环节五：我的单元成长档案（10分钟）

**（一）目标**

学生能有序填写“我的单元成长档案”进行自我评价和小组互评。

**（二）步骤**

1. 教师引入：这个单元的学习到这里就结束了，我们表现得怎么样呢？接下来一起来给自己、给小组成员评一评吧！

2. 教师组织学生填写“探索手册”中“我的单元成长档案”[2]。

## 六、参考板书

今日主题：齐心协力筑“高塔”　　　　日　期：　　年　月　日

合力建“高塔”：

1. 高度　2. 抗风　3. 抗震

1　思维导图的绘制方法，可参考“山居智慧小记”，本书第 42 页。

2　“我的单元成长档案”的填写方法，可参考“山居智慧小记”，本书第 43 页。

## 七、思维导图内容框架

本思维导图仅展示了单元内容框架，教师带领学生绘制思维导图时，可参考电子课件中的思维导图范例。

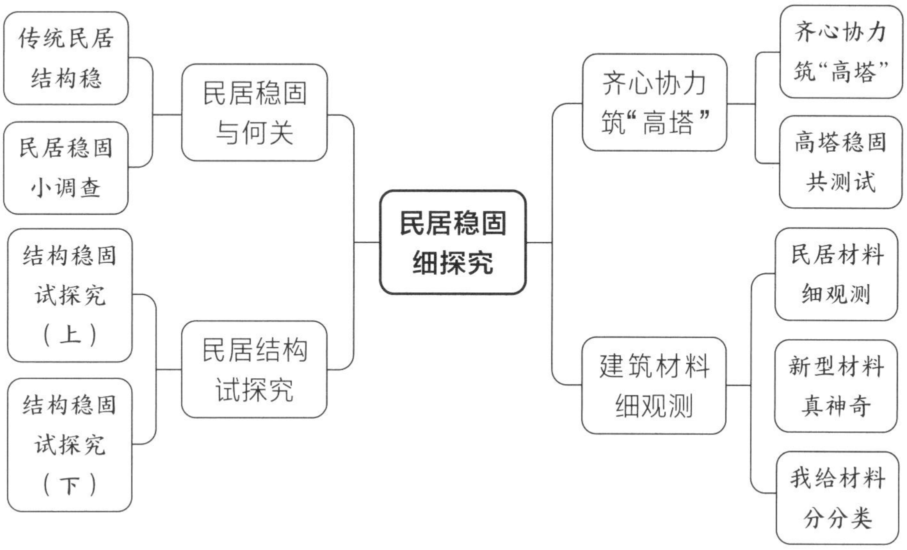

# 第三单元
# 我是山居建筑师

## 一、单元设计思路

“我是山居建筑师”是“山中百居”主题下学期的第三个单元。

本单元，学生将结合上学期所学动物居所的智慧以及本学期所学民居的特色，再结合本地地理环境，畅想自己的理想之居；通过小组合力，运用废旧纸箱等材料，创作出“我的理想山居”模型；在“理想山居分享会”进行分享；最后完成学期思维导图、“我的学期成长档案”，对本学期所学进行梳理和总结。

## 二、单元跨学科设计

本单元涉及语文、美术、劳动教育、综合实践四门学科。

## 三、单元目标

### （一）实践创新

学生能运用合适的布局、结构、色彩和其他元素，创作出一个能体现自然之美、人文之美的山居模型。

### （二）自信分享

学生能自信、流畅、细节丰富地分享创作内容。

### （三）沟通合作

学生能在小组讨论中遵守“轮流发言”“专注倾听”“做好记录”“达成共识”等合作学习约定。

### （四）乐学善学

1. 学生能积极参与小组讨论、艺术创作等学习活动。

2. 学生能绘制至少包含四级主题的学期思维导图，总结本学期所学。

3. 学生通过“我的学期成长档案”进行自我评价和小组互评，总结自己和小组伙伴在各方面的成长变化。

## 四、单元课程目录



## 五、相关概念

**建筑模型：**使用易于加工的材料依照建筑设计图样或设计构想，按比例缩小制成的样品。

**建筑师：**指受过专业教育或训练，以建筑设计为主要职业的人。

# 第8课 打造理想山居（2课时）

## 一、教学目标

1. 结合所学，小组发挥集体智慧，合作设计“我的理想山居”。

2. 通过教师引导小组合作，学生能利用教师准备的材料，完成“我的理想山居”模型制作。

## 二、教学重难点

1. 教学重点：小组合作设计“我的理想山居”蓝图。

2. 教学难点：小组合作制作“我的理想山居”模型。

## 三、教学建议

1. 教师要准备比较充足的材料，也可以提前让学生带废旧纸箱等材料到学校。

2. 教师给学生提供范例，供学生参考。

3. 在让学生动手前，教师先示范如何正确使用工具，尤其是有安全隐患的工具，比如美工刀、剪刀、热熔枪等。

4. 本节课上如果学生完不成，教师可以让学生课后完成。

## 四、教学准备

1. 材料：废旧纸箱子，每组1个；小木棍、小石子、小竹片等材料，每组若干；白胶、双面胶、颜料、画笔刷，每组1～2份。

2. 工具：热熔枪，1把；美工刀、剪刀，每组各1把。

## 五、教学内容

本次课共 4 个环节，分别是“上节课回顾”“理想山居我设计”“制作理想山居”“本节课总结”，课程时长 80 分钟（2 课时）。

### 环节一：上节课回顾（5分钟）

1. 齐诵《乡土开课辞》。

2. 教师组织学生回顾课堂约定。

3. 教师组织学生回顾上节课主要内容。

### 环节二：理想山居我设计（35分钟）

**（一）目标**

在教师的指导下，结合前期所学，小组合作发挥集体智慧，设计“我的理想山居”。

**（二）步骤**

1. 教师引入：这学期我们认识了传统民居蕴藏的自然之美、文化之美，探究了影响民居稳固的因素，接下来将进入到“山中百居”最后一个主题单元“我是山居建筑师”的学习。如果你是一名建筑师，给自己设计建造一个“理想山居”，会是什么样子的呢？接下来，请同学们化身“小小建筑师”，小组合作，给你们小组设计一个坚固、温暖、美丽的家，一个“理想山居”。

2. 思考与互动：同学们知道什么是建筑师吗？

3. 教师总结：建筑师是指受过专业教育或训练，以建筑设计为主要职业的人，也就是从事建筑设计的人。建筑师需要能够根据居住人的需求绘制设计图纸、制作模型等。

4. 教师介绍任务及规则：设计理想山居。

（1）每个小组就是一个建筑师团队，为自己的小组设计一个理想山居。

（2）参考“探索手册”中的设计要求。

（3）以小组为单位，形成“理想山居”的文字说明和外立面设计图、平面设计图。文字说明越细致越好，为后续搭建作好铺垫；设计图能体现山中居的大致形状和基本轮廓即可。

（4）音量不超过“2”，时长 25 分钟。

（5）遵守合作学习约定：“轮流发言”“分工明确”。

| 轮流发言 | |
|---|---|
| 该怎么做？ | 该怎么说？ |
| ①按组长指定的顺序，每个人依次发言<br>②听上一个同学说完，再开始分享 | 轮到你发言了 |

（续表）

| 分工明确 | |
|---|---|
| 该怎么做？ | 该怎么说？ |
| ①组长组织分工，让每个人都有任务<br>②每个人努力完成自己的分工 | 组长：请你负责……可以吗？<br>组员：组长，我想…… |

5. 教师出示：“理想山居”示范文字说明。

我们的理想山居叫做“绿野山居”，它坐落在向阳的山坡上，面朝一条清澈的小溪。为了确保居所稳固，我们利用山坡的自然坡度，将房子的正面使用几根粗壮的原木支撑起来。

山居共分为四层。第一层为仓库，用来存放各种生活物资。第二层是我们的公共活动区域，包括客厅、厨房以及一个休闲玩耍和阅读的角落。我们还在二层搭建了一个阳台。站在阳台上，不仅可以欣赏到外面美丽的风景，还能在这里喝茶聊天。第三层是男生的卧室，第四层则是女生的卧室。每个房间会根据每个组员的喜好，有一些不一样的装饰。

我们选择了当地丰富的杉树作为主要材料。考虑到贵州的气候特点，房顶设计成三角形，以利于雨水的排放，同时铺上稻草，这样既保证了房屋的结实耐用，又实现了冬暖夏凉的居住效果。

房子周围会种上树和花，会在院子里饲养小羊、小兔子、小鸭子，也会加入各种游乐设施。

6. 教师出示：设计示范图。

7. 思考与互动：参考这个文字说明范例，我们可以从哪几个方面来考虑“理想山居”的设计？

8. 教师总结：我们的“理想山居”要考虑选址、建筑材料、外观等，并根据居住的人（小组成员）的需求考虑整体的布局、内部结构、装饰等。

9. 教师组织小组开展讨论并分工完成写作和画外立面设计图、平面设计图的任务。

10. 教师组织小组分享。

【提示】教师对小组的内容进行点评或给出修正的建议，比如是否考虑到民居是小组共同居住等。

## 环节三：制作理想山居（35分钟）

### （一）目标

在教师的指导下，小组合作制作“我的理想山居”。

### （二）步骤

1. 教师介绍任务及规则：制作“我的理想山居”。

（1）小组一起做“理想山居”模型。

（2）除了现有的材料，小组可以自行寻找材料或者借用其他组材料。

（3）小组在搭建的过程中，也可以调整原来的设计。

（4）音量不超过“2”，时长30分钟。

2. 教师出示：示范作品。

3. 教师示范工具安全使用方法，并作安全提示。

4. 教师组织资料员领取材料。

5. 教师组织各组制作“理想山居”。

【提示】

①教师尽可能地提供搭建物资：比如热熔枪、安全刀片、儿童剪刀、废旧纸箱子、小木棍、小竹片、白胶、双面胶、颜料等。

②教师对有危险的工具依次做使用示范，比如热熔枪、刀片、剪刀等。

③学生搭建需要比较长的时间，教师可以让小组课后搭建。

④考虑到小组要使用各种搭建材料，教师可以让学生从家里带废旧纸箱等材料到学校。

### 环节四：本节课总结（5分钟）

1. 教师总结今日所学。

2. 教师布置作业：完成“探索手册”。

## 六、参考板书

今日主题：打造理想山居　　　　日　期：　　年　月　日

理想山居

选址（周围环境）　材料　外观　布局　结构　功能　装饰

# 第9课 理想山居共分享（2课时）

## 一、教学目标

1. 通过教师引导，各小组能自觉遵守分享规则，自信、流畅、细节丰富地分享小组作品“我的理想山居”。

2. 学生能按要求独立绘制至少包含四级主题的学期思维导图，梳理、总结本学期所学。

3. 通过使用“我的学期成长档案”，学生能对自己和同组伙伴本学期的学习表现进行评价和反思，总结自己和小组的学期成长变化。

## 二、教学重难点

学生能自信、流畅地分享“我的理想山居”。

## 三、教学建议

1. 教师引导组内人人参与分享，比如小组组员可分别分享山居的位置、功能、材料、借鉴的智慧、搭建过程中遇到的困难、搭建完成后大家的感受等。

2. 在正式上台前，请小组先排练。

3. 如果课程时间允许，教师可以提前准备几张奖状，在小组分享后给每个小组颁发一个“建筑师团队”称号的奖状，例如“最具创意建筑师团队”“最默契建筑师团队”。

## 四、教学准备

山中居模型：各小组“我的理想山居”模型作品。

## 五、教学内容

本次课共4个环节，分别是“上节课回顾”“理想山居分享会”“创作学期思维导图”“我的学期成长档案”，课程时长80分钟（2课时）。

### 环节一：上节课回顾（5分钟）

1. 齐诵《乡土开课辞》。

2. 教师组织学生回顾课堂约定。

3. 教师组织学生回顾上节课主要内容。

### 环节二：理想山居分享会（35分钟）

**（一）目标**

学生能自信、流畅地分享“我的理想山居”，且分享包括细节。

**（二）步骤**

1. 教师介绍任务及规则：分享“我的理想山居”。

（1）全组上台分享“我的理想山居”。

（2）人人参与，比如小组内同学分别介绍山居位置、功能、材料、借鉴的智慧、搭建过程中遇到的困难、搭建完成后大家的感受等。

（3）每组分享时长5分钟，音量为“3”。

（4）听众认真倾听，积极反馈。

2. 教师组织小组讨论分工、练习分享。

3. 教师组织小组依次带着作品上台分享。

【提示】

①教师和学生可以从小组分工，作品的完整性、创意性、美观性等方面进行点评。

②如果时间允许，教师最后可根据每个小组的特点给每个小组颁发一个“建筑师团队”的称号奖状，如“最默契建筑师团队”“最具创意建筑师团队”……

4. 思考与互动：理想山居，一般要符合什么要素或条件？

【参考】

理想山中居一般都会兼顾实用性和艺术性。

实用性体现在对山居的稳固度的追求以及生活需求的满足。艺术性既体现在山居与周围自然环境的和谐，因地制宜，就地取材，也体现在对房屋的布置、装饰上。传统民居更是沉淀了中国千百年的智慧与文化，自然之美与人文之美完美交融。

同学们设计制作的“理想山居”也兼顾了实用性和艺术性，如利用山坡的自然坡度、三角形屋顶、不同功能的房间、漂亮的小院……

希望大家能够将这份对美好生活的向往和对环境的尊重，在未来转化为我们日常生活中的实际行动。

【提示】教师根据学生实际分享情况，进行点评性总结。

### 环节三：创作学期思维导图（20分钟）

#### （一）目标

学生能按要求独立绘制学期思维导图，回顾学期和学年内容。

#### （二）步骤

1. 思考互动：本学期我们都学习了什么？

2. 教师介绍任务及规则：思维导图我会画。

（1）本学期主题为“山中百居（下）”。

（2）请围绕学期主题绘制学期思维导图。

（3）思维导图至少包含四级主题内容，要尽可能详细、图文并茂。

（4）音量不超过“1”，时长 15 分钟。

3. 教师组织学生绘制思维导图[1]。

【提示】教师可以请学生尝试绘制五级主题的内容。具体可参考课件中的学期思维导图。

4. 教师出示：本学期的思维导图。

5. 教师组织回顾“走进山中观民居”一课中学生们提出的问题是否都已经解决。

### 环节四：我的学期成长档案（20分钟）

#### （一）目标

学生能针对本学期的合作学习表现进行小组互评，尝试制订改进计划，并对自我表现进行评价，完成“我的学期成长档案”。

#### （二）步骤

1. 教师引入：本学期，我们完成了丰富有趣的知识学习。各小组也团结一致地完成了各种合作任务。在本学期的最后，想一想，你对自己的学习是否满意？

2. 教师组织学生填写“探索手册”中“我的学期成长档案”[2]。

3. 教师组织小组之内互相表达感谢，感谢这个学期彼此之间的支持与帮助。按照“轮流发言”的合作学习约定，请同学们表达对组长和伙伴的感谢。

---

1 思维导图的绘制方法，可参考“山居智慧小记”，本书第 42 页。

2 “我的学期成长档案”的填写方法，可参考“山居智慧小记”，本书第 43 页。

## 六、参考板书

今日主题：理想山居共分享　　　　　　日　期：　　年　月　日

**理想山居：实用性　艺术性**

## 七、思维导图内容框架

本思维导图仅展示了学期内容框架，教师带领学生绘制思维导图时，可参考电子课件中的思维导图范例。

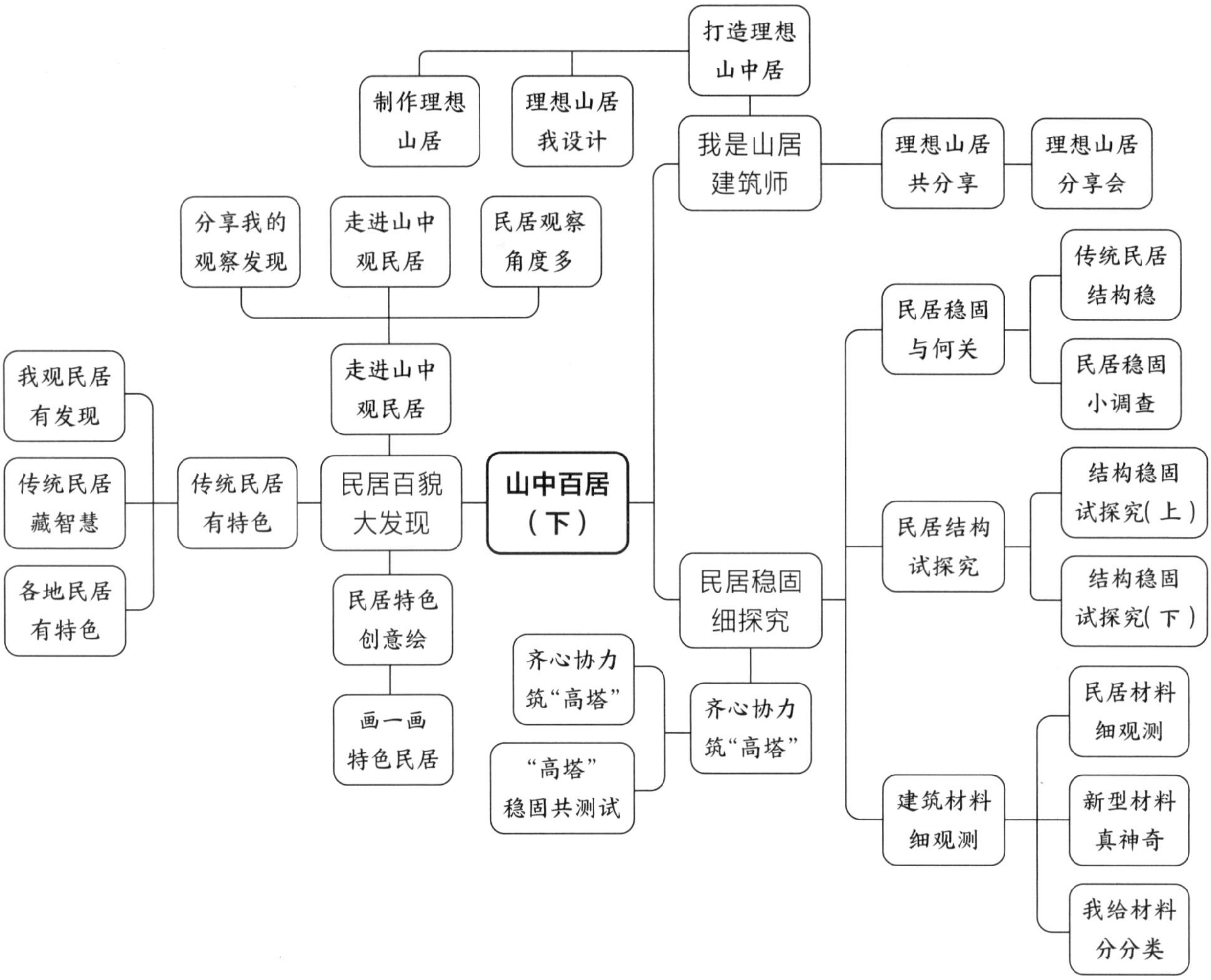

# 附录 1 | “山中百居”（下）教具清单

| 序号 | 对应课程 | 物品名称 | 单位 | 分配方式 | 使用说明 |
|---|---|---|---|---|---|
| 1 | 整个学期 | 《山中百居》（引导手册） | 本 | 每师 1 本 | 教师使用 |
| 2 | | 《山中百居（下）》（探索手册） | 本 | 每生 1 本 | 学生使用 |
| 3 | | 彩笔 | 盒 | 每组 1 ~ 2 盒 | 绘画 |
| 4 | | 铅笔 | 盒 | 每组 1 盒 | 绘画 |
| 5 | | 剪刀 | 把 | 每组 2 把 | 手工 |
| 6 | | 双面胶 | 个 | 每组 1 个 | 手工 |
| 7 | | 计时器 | 个 | 每班 1 个 | 计时 |
| 8 | 第 5 课<br>民居结构试探究 | A4 白纸 | 张 | 每组 1 张 | 实验探究 |
| 9 | | A4 硬卡纸 | 张 | 每组 2 张 | |
| 10 | | 硬币、等大小的夹子、螺帽 | 个 | 每组若干个 | |
| 11 | | 塑料瓶 | 包 | 每组 1 包 | |
| 12 | | 透明胶 | 个 | 每组 1 个 | |
| 13 | 第 6 课<br>建筑材料细观测 | 木头、石头、红砖、钢筋、玻璃、大理石、空心砖 | 套 | 每组 1 套 | 物品小块即可，用于探究建筑材料 |
| 14 | | 酒精灯 | 个 | 每班 1 个 | 探究建筑材料 |
| 15 | 第 7 课<br>齐心协力筑“高塔” | 竹签（100 mm × 2 mm）/ 牙签 | 根 | 每组 80 根 | 搭高塔 |
| 16 | | 红薯 / 胡萝卜 / 土豆丁 | 块 | 每组若干 | |
| 17 | | 盆子 / 托盘、硬纸板 | 个 | 每组 1 个 | “抗震测试” |
| 18 | | 卷尺或者长直尺 | 个 | 每班 1 个 | 测量高塔 |
| 19 | 第 8 课<br>打造理想山居 | 美工刀 | 把 | 每组 1 把 | 搭建理想民居模型 |
| 20 | | 垫板 | 个 | 每班 1 个 | |
| 21 | | 热熔枪 | 个 | 每班 2 ~ 3 个 | |
| 22 | | 白胶 | 个 | 每组 1 个 | |
| 23 | | 废旧纸箱子、小木棍、小石子、竹子等 | 套 | 每组 1 套 | |
| 24 | | 丙烯颜料 | 套 | 每班 1 套 | |
| 25 | | 画笔刷 | 支 | 每组 3 支 | |

# 附录 2 “山中百居”（下）学生学期评价量表

| 素养目标 | 评价标准 | | | |
|---|---|---|---|---|
| | 非常出色 | 再接再厉 | 努力加油 | 还需改进 |
| 自信分享 | 能围绕既定主题准确、清晰、流畅地分享内容，且分享包括细节 | 能围绕既定主题较为准确、清晰、流畅地分享内容 | 能围绕既定主题较为流畅地分享内容 | 不能按照分享要求进行分享等 |
| 乡土认同 | 1. 能清晰地介绍家乡民居建筑风格并说出其与地形、气候的关系<br>2. 能感受到家乡人民因地制宜、就地取材建房屋的智慧 | 1. 能有意识地用较准确的词汇描述家乡民居建筑风格，并用自己的话解释建筑细节和地形、气候的关系<br>2. 能感受到家乡人民因地制宜、就地取材建房屋的智慧 | 1. 能用自己的话描述家乡民居建筑风格最主要的特点，知道建筑和地形、气候有关系<br>2. 能感受到家乡人民因地制宜、就地取材建房屋的智慧 | 无法识别、描述家乡建筑风格特点等 |
| 社会责任 | 能感受到传统民居建筑中人与环境的和谐，理解人类活动要尊重自然 | 能感受到传统民居建筑中人与环境的和谐，理解人类活动要尊重自然 | 能感受到传统民居建筑中人与环境的和谐，理解人类活动要尊重自然 | 对传统民居建筑中人与环境的和谐关系缺乏基本理解，无法识别传统民居如何与自然环境相融合，也未能理解人类活动需要尊重自然的基本理念等 |
| 勇于探究 | 1. 能在好奇心的驱使下，提出感兴趣、具体的问题<br>2. 针对既定问题或任务，能顺利地开展探究，且能用准确的词汇描述结果或发现 | 1. 能在好奇心的驱使下，提出感兴趣的问题<br>2. 针对既定问题或任务，开展探究，能用较为准确的词汇描述结果或发现 | 1. 能提出问题<br>2. 针对既定问题或任务，能参与探究任务 | 1. 不能提出问题或提不出问题<br>2. 消极对待探究活动，不愿意尝试等 |
| 实践创新 | 通过小组合作，能将创意转化成简单的图纸与模型，成果能体现较明显的创新性（在既有模板上增添了自己的想法），兼具美观性 | 通过小组合作，能将创意转化成简单的图纸与模型，且能体现一定的创新性（在既有模板上有意识地增添了自己的想法，但不突出） | 通过小组合作，能将想法转化为符合基本要求的图纸与模型，但创意性偏弱，更多的是对“现成物”的模仿与参考 | 无法绘制符合基本要求的图纸、制作模型等 |

（续表）

| 素养目标 | 评价标准 | | | |
|---|---|---|---|---|
| | 非常出色 | 再接再厉 | 努力加油 | 还需改进 |
| 乐学善学 | 1. 大多数情况下，能参与课堂互动、小组讨论、自然观察、自主探究、艺术创作等学习活动<br>2. 能利用思维导图对所学内容进行梳理和总结，思维导图逻辑清晰、字迹工整，且至少包含四级主题内容<br>3. 能认真完成“我的成长档案”，能发现问题并及时调整改进 | 1. 能在半数以上的课堂中，参与课堂互动、小组讨论、自然观察、自主探究、艺术创作等学习活动<br>2. 能利用思维导图对所学内容进行梳理和总结，思维导图逻辑清晰或字迹工整，且至少包含四级主题内容<br>3. 能认真完成“我的成长档案”，具有发现问题、及时调整改进的意识 | 1. 在教师或者同伴帮助下，能参与课堂互动、小组讨论、自然观察、自主探究、艺术创作等学习活动<br>2. 在教师引导下，能利用思维导图对所学内容进行梳理和总结<br>3. 在教师引导下，能完成“我的成长档案” | 1. 消极对待课堂活动，经常开小差等<br>2. 不能利用思维导图对所学内容进行梳理和总结<br>3. 不能认真完成“我的成长档案” |
| 沟通合作 | 1. 能良好地运用合作学习约定<br>2. 能主动承担，认真且良好地完成组内分工 | 1. 能较好地遵守合作学习约定<br>2. 大多数情况下，能主动承担完成组内分工 | 1. 在教师或同伴提醒下，能遵守合作学习约定<br>2. 在教师或同伴的帮助下，能完成组内分工 | 消极对待小组任务，不能遵守合作学习约定等 |
| 审美情趣 | 1. 能较详细地描述传统民居的自然之美和人文之美<br>2. 能有序创作作品，创作符合主题，且线条流畅、色彩丰富有搭配、画面内容丰富、画作卷面干净（达成 3 点即可）<br>3. 能够从作品构图、内容、色彩、创意等方面，使用恰当的语句点评同学的创作 | 1. 能描述传统民居的自然之美和人文之美<br>2. 能有序创作作品，创作符合主题，且线条流畅、色彩丰富有搭配、画面内容丰富、画作卷面干净（达成 2 点即可）<br>3. 能从作品构图、内容、色彩、创意等 1 ~ 2 个方面，使用恰当的语句点评同学的创作 | 1. 能识别传统民居的自然之美或人文之美<br>2. 能够在教师的指导下按照步骤有序创作作品，创作符合主题<br>3. 在教师引导下，能使用较合适的语句点评同学的创作 | 1. 对传统民居的自然之美或人文之美无感知或不能清晰表达<br>2. 消极对待艺术创作活动，画面混乱，表现内容不清晰<br>3. 只能用零碎的词语点评同学的创作等 |

# 附录 3 | 合作学习约定汇总

本附录汇总了本手册出现的 9 条合作学习约定，供教师在实际的教学场景中参考。

| 举手表决 | |
|---|---|
| 该怎么做? | 该怎么说? |
| 举手投票，少数服从多数 | 支持……的同学请举手 |
| **轮流发言** | |
| 该怎么做? | 该怎么说? |
| ①指定的顺序，每个人依次发言<br>②听上一个同学说完，再开始分享 | ①我建议……做组长，因为……<br>②我推荐自己做组长，因为……<br>③我想做资料员 / 安全员，因为…… |
| **专注倾听** | |
| 该怎么做? | 该怎么说? |
| ①看着发言的人，微笑或点头表示听懂<br>②不打断别人的发言 | —（保持音量为“0”） |
| **达成共识** | |
| 该怎么做? | 该怎么说? |
| ①组长要让每个组员都能表达意见<br>②每一个观点都要提供理由<br>③经过讨论仍意见不一时，举手投票 | ①对于这个问题，你怎么想?<br>②我认为……因为……<br>③我同意 / 不同意……的观点，因为……<br>④我们组的结论是…… |
| **多方求助** | |
| 该怎么做? | 该怎么说? |
| ①提出请求<br>②顺序求助：工具书→组员→组长→其他小组→老师 | ①可以帮帮我吗?<br>②我需要协助 |
| **积极助人** | |
| 该怎么做? | 该怎么说? |
| 主动帮助别人 | ①你需要帮忙吗?<br>②我来帮你! |
| **紧扣主题** | |
| 该怎么做? | 该怎么说? |
| ①说话不离题<br>②表述清楚 | 关于这个问题，我的想法是…… |

（续表）

| 做好记录 | |
|---|---|
| 该怎么做？ | 该怎么说？ |
| ①记录员记录关键词和主要内容<br>②重复的内容只记录一次 | 组长：请你负责记录，可以吗？<br>记录员：我们组的结论是…… |
| **分工明确** | |
| 该怎么做？ | 该怎么说？ |
| ①组长组织分工，让每个人都有事做<br>②每个人努力完成自己的分工 | 组长：请你负责……可以吗？<br>组员：我的分工是……<br>我想做…… |

# 致谢

自2021年秋季学期伊始，《山中百居》主题历经三载春秋，四次迭代更新。这本课程引导手册在贵州省遵义市正安县、务川仡佬族苗族自治县、黔西南布依族苗族自治州贞丰县、兴义市、毕节市七星关区等百余所乡村小学的沃土上进行了实践。

在此过程中，我们深感荣幸能够得到来自社会各界的广泛支持与积极参与。在此，我们要向所有支持者表达最深切的感激之情，他们是：

贵州省正安县田字格兴隆实验小学，作为乡土人本教育的实践典范与乡土课的摇篮，为我们提供了丰富的课程教学经验，是我们重要且宝贵的实践基地。

中国发展研究基金会，为“乡土村小”项目学校实施乡土课提供了强有力的支持，为乡土教育的蓬勃发展注入了新活力。

贵州省正安县教育体育局、毕节市七星关区教育局、贞丰县教育局、兴义市教育局和务川仡佬族苗族自治县教育体育局等相关教育主管部门，多年来始终坚定不移地支持着乡土教育项目，为百余所乡村小学的一线教师顺利开展乡土课教学提供了坚实保障。这些一线教师在教学实践中积累的丰富经验，以及地方教育主管部门针对过往教学、教案、课堂提出的宝贵意见与改进建议，不仅极大地推动了乡土课课程设计的持续精进与完善，更为成功编纂本套丛书奠定了坚实基础。

北京师范大学郑新蓉教授也为本书提供了宝贵的指导意见。我们还要向所有为这套系列课程贡献力量的领导、专家、老师以及同行伙伴致以最诚挚的谢意。正是有了大家的共同努力和智慧，这套手册才能得以完善，更好地服务于乡村教育的实践和发展。

### 致谢名单

参与《山中百居》（引导手册）编写的伙伴：钟馨乐、毛静娴。

参与《山中百居》（探索手册）编写的伙伴：向春蕾、陈晓蕾。

参与“山中百居”课件制作和“引导手册”“探索手册”校对的伙伴：郑锐沙、王强、郑洁璇、仲夏、王如达、陈安琪、史佳瑜、杨智文、田艳莉。